Umwelthinweis: Gedruckt auf chlorfrei gebleichtem Papier

Herausgeber: Polyglott-Redaktion
Autor: Walter M. Weiss
Lektorat: Eckhard Zimmermann
Art Direction: Illustration & Graphik Forster GmbH, Hamburg
Karten und Pläne: Annette Buchhaupt
Titeldesign-Konzept: V. Barl

Ergänzende Anregungen, für die wir jederzeit dankbar sind,
bitten wir zu richten an:
Polyglott-Verlag, Redaktion, Postfach 401120, 80711 München.

Alle Angaben wurden sorgfältig geprüft. Dennoch kann eine Gewähr für
Vollständigkeit und Richtigkeit nicht übernommen werden.

Zeichenerklärung

❶ Information
🕓 Öffnungszeiten
🕾 Telefonnummer
📠 Faxnummer
Ⓤ U-Bahn
Ⓢ Schnellbahn
Ⓗ Hotel
Ⓢ⟩⟩ über 700 öS pro Person
im Doppelzimmer
Ⓢ⟩ 400–700 öS
Ⓢ unter 400 öS
Ⓡ Restaurant
Ⓢ⟩⟩ Hauptgericht über 220 öS
Ⓢ⟩ 120–220 öS
Ⓢ unter 120 öS

Kartenlegende

– – ❶ – – Beschriebener Weg
mit Nummer
Durchgangsstraße
sonstige Straßen
Fußgängerzone
Fußweg

Erste Auflage 1995

Redaktionsschluß: Oktober 1994
© 1995 by Polyglott-Verlag Dr. Bolte KG, München
Printed in Germany
ISBN 3-493-62726-2

Polyglott-Reiseführer

Wien

Walter M. Weiss

Polyglott-Verlag München

Allgemeines

Wege und Ausflüge

Weg 1　　**Das imperiale Wien**　　**S. 36**

Ein Rundgang voller Höhepunkte: Maria Theresias Prunksarg, Franz Josephs Schlafzimmer, die über Jahrhunderte gesammelten Schätze der Habsburger in Museen und Sammlungen.

Weg 2　　**Das mittelalterliche Wien**　　**S. 47**

Nach der Besichtigung des Stephansdoms geht es in das Gassenlabyrinth des alten Stadtkerns mit Innenhöfen und Durchhäusern. Irgendwann sind Sie dann im Bermuda-Dreieck verschwunden.

Weg 3　　**Durch das Wiental**　　**S. 57**

Auf diesem Rundgang stehen die Künste im Mittelpunkt: Theater, Akademien, Künstlerhäuser. Höhepunkte sind die Kunstsammlungen in Prinz Eugens Schloß, dem Belvedere.

Wege und Ausflüge

Bildnachweis

Alle Fotos APA Publications/Mark Read außer Archiv für Kunst und Geschichte: 17/2. J. Funke: 7/2, 13/4, 15/4, 33/3, 55/2, 57/1, 61/3, 67/2, 69, 71, 77/1. H. Hardt: 1, 13/3, 15/2–3, 23/3, 31/1, 37/1, 55/1, 63/1, 65/3, 67/1, 73/1, 75/1, 75/3, 79/2, 81/2–3, 85/1, 85/3. M. Kirchgeßner: 79/1. Österreich-Werbung: 19/1, 41/2, 73/2–3. Westermann: 6, 23/1–2, 15/1, 23/1, 25/1–2, 29/2, 31/2, 37/2, 39, 47/4, 63/2–3, 65/2, 67/3, 81/1, 83, 91/1–2. U. Wiegand: 65/1. Wiener Tourismusverband: 9/2. Umschlag: Mauritius/Rossenbach (Bild), Bernd Ducke/Superbild (Flagge).

Editorial

Der Welttourismusverband hat zur Party geladen, und die ganze internationale Stadtprominenz ist gekommen. Paris, Rom und Mailand machen beim Small talk auf schick. Frankfurt, Tokio und New York fachsimpeln über Börsenkurse. London und Lissabon schlürfen Portwein und schwelgen in Reminiszenzen an ihre koloniale Jugend. Plötzlich trifft, verspätet wie immer, Wien ein. Gelangweiltes Gähnen. Doch dann geht ein Raunen durch die Runde. Denn statt der mürrischen, mit altmodischen Kronjuwelen behangenen Pensionistin, die früher bei solchen Anlässen erschien, taucht überraschend eine fesche, jugendlich-elegante Dame voller Lebensfreude und Energie auf.

Wie den Gästen dieser imaginären Party geht es auch jenen, die heute nach langer Zeit wieder einmal an die Donau kommen: Sie trauen ihren Augen nicht. Denn die gute alte Habsburgerresidenz hat sich in den letzten Jahren einer radikalen Verjüngungskur unterzogen. Ihre tief in der Vergangenheit verankerten Wurzeln wurden dabei freilich nicht durchtrennt. So bewegt sich, wer durch Wiens Straßen schlendert, zwar über weite Strecken nach wie vor durch eine K.u.K.-Kulisse, doch dazwischen stößt man auf kühne architektonische Kontrapunkte. Zum Heurigen haben sich als kulinarische Alternativen neue Gourmettempel, Beisln und In-Treffs gesellt. Und in den walzerseligen Dreivierteltakt mischen sich neuerdings die erfrischenden Töne einer quirligen Jazz- und Musicalszene.

Doch keine Sorge: Die Lipizzaner, Sängerknaben und Philharmoniker haben ihre Kapriolen, Koloraturen und Kadenzen nicht verlernt. Und die Wiener ihren raunzigen, aber herzlichen Charme und ihre hochinfektiöse Gemütlichkeit nicht verloren.

Erholungsparadies Donauinsel.

Der Autor

Walter M. Weiss geboren 1961, studierte Publizistik und Politikwissenschaft und arbeitete zehn Jahre lang als Chefredakteur diverser Kultur- und Reisemagazine. Parallel dazu publizistische Tätigkeit für zahlreiche namhafte Buchverlage und Zeitschriften. Seit 1993 freier Autor mit den Themenschwerpunkten Islamische Länder sowie Geschichte und Gegenwart seiner Heimatstadt Wien.

Die Metropole Mitteleuropas

Mittelalterliche Gäßchen, verträumte Hinterhöfe und barocke Paläste, Riesenrad, Stephansdom, dazu Kaffeehaus und Opernball, Fiaker und Handkuß, und eine Prise Zentralfriedhof und Kapuzinergruft – wenn von Wien die Rede ist, herrscht an Klischees kein Mangel. Und doch ist die Feststellung „Wien ist anders", mit der die Stadt seit einiger Zeit um Gäste wirbt, mehr als ein flotter Slogan. Die alte Kaisermetropole straft ihre eigene Vergangenheit tatsächlich Lügen. Wie ein Phönix aus der Asche ist sie aus der Tristesse der Nachkriegsära auferstanden und erstrahlt seither in ungeahntem Glanz.

Ihre erste Verwandlung erlebte die Stadt in den späten 70er und frühen 80er Jahren. Damals erhielt sie ihre längst überfällige U-Bahn, eine weitläufige Fußgängerzone und entlang der Neuen Donau ein 22 km langes Bade- und Freizeitparadies. Entfacht vom Bundeskanzler Bruno Kreisky, wehte ein frischer Wind durch Amsstuben und Denkwerkstätten. Die Ökologiebewegung entstand, eine lebhafte Bar- und Beislszene und eine Alternativkultur, die den arrivierten Honoratioren der Kunst wirkungsvoll den Kampf ansagte. Und in den funkelnagelneuen Glastürmen am nördlichen Donauufer bezog die UNO Quartier, deren Beamte der Stadt ein ungewohnt kosmopolitisches Flair verliehen.

Die zweite Modernisierungsphase setzte 1989 ein, als sich 60 km weiter östlich überraschend der Eiserne Vorhang hob. Plötzlich fand sich Wien in einer Rolle, die es in diesem Jahrhundert schon einmal besetzt hatte: Mittelpunkt Zentraleuropas und Relaisstation zwischen Ost und West. Und es scheint, als hätten die Wiener ihre historische Chance erkannt. Allerorten wird Altes renoviert und Neues errichtet. Moderne Hotels, Museen, Bürokomplexe und an der Peripherie ganze Wohnbezirke schießen wie Pilze nach dem Regen aus dem Boden. Wirtschaft, Wohlstand und die Einwohnerzahl wachsen.

Freilich haben die Wiener ihre Eigenheiten und Strategien zur Lebensbewältigung nicht über Bord geworfen. Ein bißchen gemächlicher als anderswo – „pomali", wie es im hiesigen Dialekt heißt – geht es hier nach wie vor zu. Die Suppe wird nicht so heiß gegessen wie gekocht; und eine gewisse Provinzialität, vermengt mit einem Schuß Verschrobenheit und balkanischer Freude am Mauscheln und Feilschen, verleiht ihr eine speziell wienerische Würze. Aus dieser Haltung ziehen auch die Gäste Nutzen: Nicht nur, daß die Verbrechensrate so niedrig ist wie in kaum einer anderen Millionenstadt. Es haben sich auch merkwürdige Inseln in der Zeit erhalten (Kaffeehäuser, Heurige, Wienerwald-Meiereien), die jeden abfahrenden Besucher immer wieder zurückziehen – nach Wien.

Lage und Größe

Ihre geschichtliche, wirtschaftliche und kulturelle Bedeutung verdankt die Stadt zu einem Gutteil ihrer äußerst günstigen geographischen Lage. Durch die Donau als Hauptverkehrsstraße ist

---

Der Steckbrief

Gesamtfläche: 415 km^2

Grünfläche: 206 km^2

Bebaute Fläche: 126 km^2

Verkehrsfläche und Gewässer: 83 km^2

Einwohner: 1,61 Mio., davon 20 % Nicht-Österreicher

Bevölkerungsdichte: 388 Einw./km^2

Wien seit alters mit dem pannonischen Raum im Südosten und dem Alpenvorland im Westen verbunden. Zudem bildet das etwa 100 km lange Wiener Becken das Bindeglied zwischen den drei großen mitteleuropäischen Landschaften, den Alpen-, Sudeten- und Karpatenländern.

Die Stadt ruht auf mehreren durch Steilstufen getrennten Schotter- und Sandterrassen, die ein voreiszeitliches Meer abgelagert hat. Sie wurden im Laufe der Zeit von der Donau mit einer dicken Lößschicht überzogen – daher die Fruchtbarkeit des Bodens.

Klima und Reisezeit

☐ Tageshöchsttemperaturen
■ Nächtliche Tiefsttemperaturen
— Niederschlag

Klima und Reisezeit

Auch in klimatischer Hinsicht liegt Wien in einem Übergangsraum. Während im Westen noch eher das feuchte, halbozeanische Wetter vorherrscht, macht sich im Süden und Osten bereits der pannonisch-kontinentale Einfluß bemerkbar. In den Bezirken am Rand des Wienerwalds regnet es im Jahresmittel 800 mm, im Marchfeld und jenseits des Laaer Bergs hingegen nur 575. Auch steigt die Quecksilbersäule im Osten an durchschnittlich 55 Tagen im Jahr über 20°, im Westen gerade an 35. Alles in allem ist das Klima jedoch relativ milde. Einziger Wermutstropfen: der fast ständig wehende Wind. Er fördert zwar einerseits die rasche und starke Durchlüftung, andrerseits aber auch Staubbildung und Austrocknung und im Winter das Gefühl cisiger Kälte.

„Pomali – nur net hudeln.“

Als beste Reisezeit empfehlen sich Spätfrühling und Herbst. Im Mai und Juni, wenn – wie ein Wienerlied schwärmt – „im Prater die Bäume blühn“, warten auf Kunstenthusiasten zudem die Wiener Festwochen. Und im September und Oktober setzt das Kulturleben nach der Sommerpause wieder voll ein. Von einem Besuch im Hochsommer ist eher abzuraten: Wenn Hitze und die Touristenmassen die Stadt gefangen halten, genießen Schauspieler, Sängerknaben und Lipizzaner ihre Sommerfrische auswärts.

Das mittelalterliche Wien – fast eine andere Welt.

Lebendig geht es in Wiens Freiluftcafés zu.

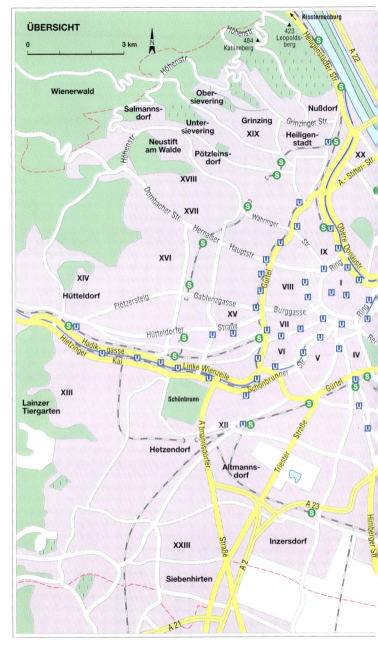

ÜBERSICHT

0   3 km

N

Wienerwald

Höhenstr.

Höhenstr.

423
Kahlenberg   484
Leopolds-
berg

Klosterneuburg

Ober-
sievering

Salmanns-
dorf

Unter-
sievering

Grinzing

XIX

Nußdorf

Grinzinger Str.

Neustift
am Walde

Pötzleins-
dorf

Heiligen-
stadt

Höhenstr.

XVIII

XX

A.- Stifter- Str.

Obere Donaustr.

Dornbacher Str.

XVII

Währinger

Hernalser

Hauptstr.

Str.

IX

Ring

I

XVI

Gürtel

VIII

Ring

Ring

XIV

Gablenzgasse

Burggasse

Hütteldorf

Flötzersteig

XV

VII

Straße

Hütteldorfer

VI

V

IV

Str.

Hietzinger

Hadik-

gasse

Kai

Linke Wienzeile

Schönbrunner

Gürtel

XIII

Schönbrunn

Lainzer
Tiergarten

XII

Altmannsdorfer

Trie ster Straße

Hetzendorf

Altmanns-
dorf

A 23

Inzersdorf

Himberger Str.

XXIII

Straße

A 2

Siebenhirten

A 21

Wiens Bezirke

I Innere Stadt
II Leopoldstadt
III Landstraße
IV Wieden
V Margareten
VI Mariahilf
VII Neubau
VIII Josefstadt
IX Alsergrund
X Favoriten
XI Simmering
XII Meidling
XIII Hietzing
XIV Penzing
XV Rudolfsheim-Fünfhaus
XVI Ottakring
XVII Hernals
XVIII Währing
XIX Döbling
XX Brigittenau
XXI Floridsdorf
XXII Donaustadt
XXIII Liesing

Natur und Umwelt

Verglichen mit anderen Millionenstädten verfügt Wien nicht nur über unverhältnismäßig viele und weitläufige innerstädtische Parkanlagen, sondern an seinen Rändern auch über große und relativ homogene Naturräume. Im Westen prägen die Ausläufer des Wienerwalds die Landschaft, ein für Mitteleuropa typischer, vorwiegend aus Buchen und Eichen bestehender Laubmisch-

Es lebe der Tod!

Neben den vielen längst überholten Klischees von Wien existiert eines, das noch heute der Wirklichkeit entspricht: Seine Bewohner pflegen tatsächlich ein besonders nahes Verhältnis zum Tod. Wo sonst beschäftigt sich jedes zweite Volkslied mit dem Sterben und der Ewigkeit? Wo sonst könnte ein Trunkenbold wie der sagenhafte liebe Augustin, der zu Zeiten der Pestepidemie aus einem Massengrab auferstand, in das er höchst berauscht gefallen war, noch Jahrhunderte später als Identifikationsfigur dienen? Wo sonst hat die Branche des Pompfüneberers (so die aus „pompes funèbres" verballhornte Bezeichnung des in elegante schwarze Roben gekleideten Sargträgers) so wenig Nachwuchssorgen? Und in welcher anderen Stadt gilt eine „schöne Leich" – ein nobles Begräbnis mit großem Kondukt, pathetischen Nachrufen, Orgelspiel und üppigem Leichenschmaus – als Krönung des Daseins, für die man zu Lebzeiten gerne bis zu 70 000 öS anspart?

Kein Wunder, daß auch die Friedhöfe in Wien neben ihrer ursächlichen eine zweite, ungewöhnliche Funktion haben: Sie sind – vor allem rund um Allerheiligen – beliebte Ausflugsziele. Insbesondere der Zentralfriedhof, mit seinen über 2 Mio. km^2 und über 3 Mio. Toten der bei weitem größte Gottesacker der Stadt, gleicht in diesen Tagen einem Familien-Freizeitidyll. An seinen zwölf Toren werden dann Maroni und Tüten mit Futter für Vögel und Eichkätzchen verkauft. Und an seinen Außenmauern laden volkstümliche Gaststätten zum Verbleib.

Freilich: Der „Zentral" dient nicht nur der Erholung, sondern auch der Bildung. Oft kann man auf seinen kilometerlangen Wegen Eltern mit ihren Kindern beobachten, wie sie die auf den Grabsteinen in Gold gravierten Namen und Titel – vom „Wirklichen Hofrat" bis zum „Kammeroberamtsofficial" – studieren. Und der Besuch der rund 500 Ehrengräber gleicht einem Gang durch einen Pantheon der österreichischen Geistesgeschichte. Beethoven und Brahms sind hier bestattet, Schubert, Schönberg und die beiden Johann Strauß, aber auch Johann Nestroy, Hans Moser, Curd Jürgens, Helmut Qualtinger und viele Bürgermeister und Staatspräsidenten. In der riesigen Israelitischen Abteilung ruhen unter anderen Arthur Schnitzler, Friedrich Torberg und Karl Kraus.

Geistesgrößen von einst kann man übrigens auch auf den kleineren Vorstadtfriedhöfen begegnen. Auf dem äußerst stimmungsvollen Gottesacker von Hietzing etwa liegen Franz Grillparzer, Otto Wagner, Gustav Klimt und Alban Berg, auf dem von Ober St. Veit Egon Schiele, und in Grinzing ruhen zu Füßen der Weinberge Gustav Mahler und Heimito von Doderer. Wiens prominentester Toter, Wolfgang Amadeus Mozart, wurde auf dem St. Marxer Friedhof beigesetzt – die einzige erhaltene und deshalb denkmalgeschützte Biedermeier-Begräbnisstätte. Wo er genau liegt, läßt sich allerdings – zum Leidwesen seiner Fans – nicht mehr sagen. Der posthume Ehrenbürger wurde bekanntlich in einem Massengrab verscharrt.

wald. In seinen abgelegeneren Teilen, insbesondere in dem über 2300 ha großen Naturschutzgebiet des Lainzer Tiergartens, sind große Populationen von Hirschen und Damwild sowie zahlreiche Vogelarten heimisch.

Echte Urwälder bilden über weite Strecken noch die Aulandschaften des Praters und der Lobau. Dort, wo sich die stromaufwärts völlig regulierte Donau in ein Netz natürlicher Wasserläufe und kleiner, toter Flußarme verzweigt, gedeihen Weiden, Ulmen und Röhricht, laichen und brüten seltene Fisch und Vogelarten.

Kleines Konzert auf dem Zentralfriedhof, Johann Strauß zu Ehren.

Die Qualität der Luft ist dank des häufigen Westwindes im großen und ganzen zufriedenstellend. Nur die Konzentration an bodennahem Ozon erreicht wie in anderen Ballungsräumen auch im Hochsommer immer bedrohlichere Ausmaße. Die Lebensqualität wird durch den seit der Öffnung des Eisernen Vorhangs rapide anschwellenden Verkehrslärm massiv beeinträchtigt.

Auch wenn Mozart draufsteht – sein Grab ist unbekannt.

Viel beneidet wird Wien um sein vorzügliches Wasser. Nach 1870 wurden zwei Fernleitungen gebaut: die eine in das Kalkalpengebiet von Rax und Schneeberg, die andere zum Hochschwab-Massiv in der Steiermark. Sie garantieren seither die Versorgung mit erstklassigem Hochquellwasser. Gerne vergessen wird von den Wienern allerdings die Tatsache, daß ihre Rückstände von Haushalten, Landwirtschaft und Industrie die Grundwasserreservoirs der näheren Umgebung stark verunreinigen, allen voran die Mitterndorfer Senke.

Grünes Wien: der kleinere Volksgarten…

Ein dicker Pluspunkt in Umweltbelangen, auf den die Wiener zu Recht stolz sind, sei noch erwähnt: 1978 stimmten sie gemeinsam mit allen Österreichern bei einer Volksabstimmung gegen die Inbetriebnahme des bereits fertiggestellten Kernkraftwerks von Zwentendorf im nahen Tullnerfeld. Dadurch blieb ihre Heimat atomfrei.

…und der weitläufige Prater.

Bevölkerung

Laut offizieller Statistik (Ende 1992) leben in Wien über 1,6 Mio. Menschen. Eine steigende Geburtenrate, mehr Zuwanderer aus anderen Bundesländern und – im Zuge der politischen Ereignisse – aus den östlichen Nachbarstaaten haben die Einwohnerzahl in den letzten Jahren anschwellen lassen. Ein Schmelztiegel der Völker war Wien schon zu k.u.k. Zeiten, aber es überrascht doch, daß 317 000 Einwohner (= 20 %) Nicht-Österreicher sind. 130 000 stammen aus Ex-Jugoslawien, 52 000 aus der Türkei, 26 000 aus Polen.

Wirtschaft

Dem gängigen Vorurteil vieler Österreicher zum Trotz, die ihre Hauptstadt gerne als Wasserkopf bezeichnen, dessen aufgeblähter Verwaltungsapparat die Steuern verschlingt, ist Wien das größte Wirtschaftszentrum des Landes. Hier werden 28 % des Bruttoinlandsprodukts erarbeitet. Und das Wirtschaftswachstum der Stadt lag in den vergangenen Jahren stets einige Zehntelprozent-Punkte über dem Landesdurchschnitt.

90 % der insgesamt 36 000 Betriebe zählen zum Bereich Handwerk und Gewerbe. Sie stehen zum großen Teil auf dem sprichwörtlich goldenen Boden. Die Industrie hingegen schrumpft bedrohlich vor sich hin. 1973 gab es in der Stadt noch 1830 Industriebetriebe mit 170 000 Arbeitsplätzen. Zur Zeit sind es – trotz einiger spektakulärer Ansiedlungen etwa von General Motors und Philips – rund 1600 Betriebe mit gerade noch 100 000 Jobs.

Dazu kommt, daß sich die Innovations- und Risikofreude der Unternehmer in Grenzen hält und viele Betriebe aus steuerlichen Gründen ihren Sitz in angrenzende Gemeinden verlagern. Wohl nicht zufällig weist Wien stets eine etwas höhere Arbeitslosenquote auf als der Rest Österreichs.

Alles in allem prophezeihen Wirtschaftsexperten der Bundeshauptstadt freilich eine rosige ökonomische Zukunft. Denn obwohl die Ostöffnung den örtlichen Betrieben kurzfristig eine beinharte Billigpreis-Konkurrenz beschert hat, dürften längerfristig die Vorteile der neuen Investitions- und Absatzmärkte überwiegen. Zudem hat sich die Börse nach ihrem beispiellosen Boom im Jahr 1989 international als respektabler Finanzplatz etabliert.

Der Strom an Städtetouristen fließt ungebrochen. 1993 verzeichneten die knapp 350 Hotellerie-Betriebe über 7 Mio. Übernachtungen. Die Bedeutung Wiens als internationaler Warenumschlagplatz wächst nicht zuletzt dank des vor kurzem eröffneten Rhein-Main-Donaukanals ständig. Und zusätzliche Impulse verspricht der Anfang 1995 vollzogene Beitritt Österreichs zur EU.

Politik und Verwaltung

Die Republik Österreich ist ein föderativer Bundesstaat, in dem die neun Bundesländer Hoheitsrechte der Landesverwaltung und Landesgesetzgebung besitzen. Wien ist die Hauptstadt dieser Republik, ihr politisches, wirtschaftliches, administratives und kulturelles Zentrum, der Sitz von Bundesrat, -regierung, -präsident und Nationalrat sowie der drei höchsten Bundesgerichte.

Zugleich ist Wien das kleinste der neun Bundesländer Österreichs. Als solches verfügt es über einen Landtag, der parallel als Gemeinderat fungiert. Dieser setzt sich aus 100 Mitgliedern zusammen und wird alle fünf Jahre gewählt. Die Exekutive liegt bei dem vom Gemeinderat gewählten Stadtsenat, der gleichzeitig Landesregierung ist. Er besteht derzeit aus neun Amtsführenden Stadträten und fünf Stadträten ohne eigenen Geschäftsbereich. An seiner Spitze steht der Bürgermeister (seit Jahrzehnten ein Sozialist bzw. Sozialdemokrat) mit zwei Vizebürgermeistern und dem Magistratsdirektor.

Geschichte im Überblick

5. Jh. v. Chr. Die Boier, ein keltischer Stamm, siedeln sich auf dem Gebiet des späteren Wien an.

15 v. Chr. Die Römer erobern die Alpen- und Donauländer und sichern die Provinz Pannonia durch den Bau des Limes und vieler militärischer Garnisonen. Carnuntum ist die wichtigste im Wiener Raum; sie erhält durch das Hilfslager Vindobona einen westlichen Flankenschutz.

213 Vindobona, mittlerweile Zivilstadt, erhält das Stadtrecht.

4. Jh. Zerstörung durch Germanenstämme, die Römer treten 433 Pannonia an die Hunnen ab.

881 Erster Zusammenstoß zwischen Baiern und Vortrupps der Ungarn bei Wien. In den Salzburger Annalen wird der mittelalterliche Stadtname „Weniam" zum ersten Mal erwähnt.

955 Bei der Schlacht auf dem Lechfeld unterliegen die Ungarn Otto I. Wien liegt am Rande der neuen ottonischen Ostmark, mit der 976 der Babenberger Luitpold belehnt wird. Der Markgraf dehnt die Grenze schnell nach Osten aus.

1155 Heinrich II. Jasomirgott verlegt seine Residenz nach Wien, das sich dank seiner günstigen Lage am Schnittpunkt der Donau mit dem alten Handelsweg der Bernsteinstraße zu einem wichtigen Handelsplatz entwickelt hat.

1192–1200 Mit dem Lösegeld für Richard Löwenherz, den Leopold V. während der Kreuzzüge gefangen genommen hat, werden die Stadt erweitert, die Ringmauern erbaut.

1237 Wien erhält erstmals die Reichsfreiheit verliehen.

1278 Mit König Rudolf I. beginnt die Regentschaft der Habsburger.

Wien ist Hauptstadt Österreichs und Bundesland zugleich.

Residenz der Habsburger: Die Neue Burg.

Wo alles begann: Römische Ruinen am Hohen Markt.

Viele Häuser aus dem mittelalterlichen Wien haben sich erhalten.

1408 Die selbstbewußten Wiener Bürger stellen sich gegen die Habsburger Landesherren. Bürgermeister Konrad Vorlauf wird als Führer einer Volkserhebung hingerichtet.

1421 Während der „Wiener Geserah" wird die jüdische Bevölkerung vertrieben, 200 Juden werden ermordet.

1485 Die Ungarn unter Matthias Corvinus besetzen Wien.

1529 Die erste Türkenbelagerung von Wien scheitert – am schlechten Wetter. Kurz darauf bauen die Wiener ihre Befestigungsanlagen aus.

1551 Die Jesuiten werden nach Wien berufen, um gegen den sich ausbreitenden Protestantismus zu kämpfen.

1645 Die Schweden stehen vor Wien, ziehen aber ohne Kampf wieder ab. Wien leidet wirtschaftlich schwer unter dem Dreißigjährigen Krieg.

1679 Die Pest wütet in Wien; sie fordert mindestens 75 000 Opfer.

1683 Wieder stehen die Türken vor Wien, mit 230 000 Angreifern, denen nur 17 000 Mann gegenüberstehen. In der hoffnungslosen Situation vertreibt ein 75 000 Mann starkes Entsatzheer die Belagerer.

1684 Beginn barocker Bautätigkeit, Wien wird zur glanzvollen Metropole, die Architekten, Bildhauer und Maler in ihren Bann zieht.

1740 Maria Theresia besteigt den Kaiserthron. Mit ihrem Sohn und Mitregenten, Joseph II., leitet sie viele Reformen ein.

1792 Kaiser Franz II. hält die wachsende Unzufriedenheit des Volkes mit polizeistaatlichen Mitteln nieder. Zugleich beginnen die Koalitionskriege gegen das revolutionäre Frankreich, das Wien zweimal besetzt.

1814/15 Nach den Napoleonischen Kriegen treffen sich europäische Fürsten und Staatsmänner zum Wiener Kongreß. Europa wird neu geordnet.

1821 Staatskanzler Metternich erstickt jegliches nationales oder liberales Gedankengut im Keim. Wien, das sich wirtschaftlich schnell erholt hat, versinkt in der Totenstille der Restauration.

1848 Im März bricht die Revolution aus: Wiens Bürger fordern die Beteiligung an der Gesetzgebung, die Aufhebung der Zensur und die Selbstverwaltung der Gemeinden. Kaiserliche Truppen unter Fürst Windischgrätz schlagen den Aufstand nieder.

1857 fallen die Befestigungsanlagen, das Korsett der Stadt. An ihrer Stelle entsteht die Ringstraße mit repräsentativen Bauten. Nun hat Wien Platz, sich auszubreiten. Die Vorstädte werden eingemeindet, Wien erhält eine städtische Selbstverwaltung.

1873 Die erste Hochquellwasserleitung wird eröffnet, die Weltausstellung in Wien abgehalten. Durch Überhitzung der Konjunktur kommt es zum Börsenkrach, der die wirtschaftlichen Boomjahre schlagartig beendet.

1895 Der christlich-soziale Politiker Dr. Karl Lueger wird zum Bürgermeister gewählt. Er leitet eine bahnbrechende Modernisierungswelle ein, läßt u.a. Spitäler, Gas- und Elektrizitätswerke, ein Straßenbahnnetz, die zweite Hochquellwasserleitung und die Heil- und Pflegeanstalt am Steinhof erbauen. Wien ist auf dem Weg zur modernen Großstadt.

1914 Beginn des Ersten Weltkriegs. 1916 stirbt Kaiser Franz Joseph 86jährig in Wien, nach 68 Regierungsjahren. Am 12. November 1918 wird die Erste Republik ausgerufen.

1922 Die Bundeshauptstadt Wien wird ein eigenes Bundesland. Von den Sozialdemokraten regiert, geht es in eine „Neue Zeit", in der v. a. das soziale Elend der Arbeiter gemildert wird. Von starken reaktionären, demokratiefeindlichen Kräften wird das „Rote Wien" mißtrauisch beobachtet. Immer wieder kommt es zu bürgerkriegsähnlichen Zusammenstößen.

Kuh beim Brettspiel in der mittelalterlichen Bäckerstraße.

1934 Kanzler Dollfuß läßt einen Aufstand der Arbeiter blutig niederschlagen, er verbietet SPÖ und Gewerkschaften. Im Juli wird er bei einem Putschversuch von Nationalsozialisten ermordet.

1938 Am Heldenplatz verkündet Hitler den Anschluß Österreichs an das Deutsche Reich. Die „Ostmark" verliert ihre Souveränität.

1944/45 Die Alliierten bombardieren Wien und zerstören ca. 30% der Stadt.

1945 Wien wird von der Roten Armee befreit und am 1. September in vier Besatzungszonen aufgeteilt.

1955 unterzeichnen die Außenminister der Siegermächte den österreichischen Staatsvertrag.

In den folgenden Jahrzehnten wächst Wien zur Drehscheibe der Geheimdiplomatie zwischen Ost und West, zur Anlaufstation der Auswanderer und Flüchtlinge.

Resolute Frau auf dem Kaiserthron: Maria Theresia.

1979 Nach New York und Genf wird Wien zum dritten UNO-Hauptsitz.

1989 Der Eiserne Vorhang fällt. Von den erleichterten Kommunikationsmöglichkeiten profitiert Wiens wirtschaftliches, kulturelles und soziales Leben.

1994 Österreich stellt durch ein Referendum die Weichen zur Mitgliedschaft in der Europäischen Union.

Denkmal gegen Krieg und Faschismus.

Kultur gestern und heute

Architektur

Die erste Hochblüte christlich geprägter europäischer Baukunst, die *Romanik* (950 bis etwa 1200), hinterließ im heutigen Österreich ihre Zeugnisse vorwiegend in den Klöstern und Stiften des ländlichen Raums. In Wien haben sich aus dieser Epoche lediglich der westlichste Teil des Stephansdoms (das Riesentor und die beiden Heidentürme) sowie die Ruprechtskirche und der Schweizer Trakt der Hofburg erhalten. Viel nachhaltiger prägte die *Gotik* das Bild der Stadt. Vom Ideengut der Bettelorden beeinflußt, entstanden zu ihrer Zeit Maria am Gestade, die Augustiner- und Minoritenkirche, vor allem aber Sankt Stephan in seiner heutigen Form – allesamt Gotteshäuser mit hohen Hauptschiffen, schlanken Säulen, zierlichen Strebepfeilern und gleichsam schwebenden Rippengewölben.

Dünn gesät sind hingegen die Bauten aus der *Renaissance*. Einzige Relikte dieses an den geometrischen Prinzipien der Antike orientierten Stils sind die Ruinen von Kaiser Maximilians Lustschloß, dem Neugebäude vis-à-vis dem Zentralfriedhof, und die Stallburg im Bereich der Hofburg.

Zu einer regelrechten Orgie der Prunkentfaltung kommt es dann an der Wende vom 17. zum 18. Jh., im *Barock*. Die Türken sind endgültig besiegt, die schlimmsten Pestepidemien überstanden, die Protestanten zurückgedrängt. Hof, Hochadel und Kirche triumphieren und entfachen einen bis dahin nie dagewesenen Bauboom. Der größte Meister dieser Zeit heißt Johann Bernhard Fischer von Erlach. Ihm verdankt die Stadt unter anderem Schloß Schönbrunn, die Karlskirche, die Hofstallun-

gen und etliche Stadtpalais. Ebenfalls in der ersten Reihe stehen sein Sohn Joseph Emanuel und Lukas von Hildebrandt, der Schöpfer des Belvedere, der Peters- und Piaristenkirche. Gegen Ende dieser Blüte bildet sich als Gegenstück zum süddeutschen und französischen Rokoko der späte, sogenannte theresianische Barock heraus. Dessen eindrucksvollste Schöpfung: die Innenausstattung von Schloß Schönbrunn.

Auf die in architektonischer Hinsicht wenig ergiebige Epoche des Biedermeier – als Klassizist von Rang ist nur Josef Kornhäusel erwähnenswert – folgt in der zweiten Hälfte des 19. Jhs. die Gründerzeit. Unter Kaiser Franz Joseph wird Wien zur modernen Metropole. Symbol des Wohlstands und städtischen Selbstbewußtseins ist die Ringstraße mit ihren Prunkbauten, die an stelle der alten Stadtmauern entstehen. Architekten wie Hansen, Ferstel, Semper, Hasenauer, Siccardsburg und van der Nüll greifen auf verschiedenerlei alte Bauformen zurück. Der *Historismus* wird zum bestimmenden Stil.

Ein markanter Bruch erfolgt kurz vor der Jahrhundertwende: Unter der geistigen Führerschaft Otto Wagners lehnen sich die sogenannten Secessionisten gegen die herkömmlichen architektonischen Ausdrucksformen auf. Ihr neues ästhetisches Ideal ist eine Symbiose aus Funktion und Ornament und geht als *Jugendstil* in die Kunstgeschichte ein. Dessen bedeutendste Vertreter, die zum Teil auch im Kunsthandwerk Großartiges leisten, heißen Joseph Maria Olbrich, Josef Hoffmann und als radikalster Purist Adolf Loos. Zwischen den Weltkriegen sorgt die Stadtregierung des sogenannten „Roten Wien" mit ihren wegweisenden Wohnanlagen international für Furore. Nach 1945 schafft eine Gruppe um Roland Rainer, Karl Schwanzer und Erich Boltenstern den Anschluß an die *Moderne*. Ein Objekt aus dieser Zeit überragt alle anderen: Fritz Wotrubas Kirche aus kubischen Betonblöcken im Stadtteil Mauer.

Und die Wiener *Gegenwartsarchitek-tur?* Wilhelm Holzbauer, Gustav Peichl, Hans Hollein und das Duo Coop Himmelblau werden heute zwar auch zu Hause geschätzt, aber ein wenig gewöhnen mußten sich die Wiener an die neue Kunst schon …

Malerei & Bildhauerei

Sieht man einmal von den Funden aus der Römerzeit und auch von der früh-mittelalterlichen Buch-, Glas- und Altarmalerei ab, so erregen vor allem zwei Werke die Aufmerksamkeit: das 1365 entstandene Bildnis von Herzog Rudolph IV. gilt als ältestes nördlich der Alpen entstandenes Porträt; die Altartafel „Flucht nach Ägypten" in der Schottenkirche (1469) zeigt im Hintergrund die früheste topographisch ver-

Ein Fest für's Auge: Wagner-Villa in der Hüttelbergstraße 26.

Der Architekt als Visionär

Es gibt wohl keinen Architekten, dessen Werke das heutige Stadtbild von Wien so stark prägen wie seine: Otto Wagner, geboren 1841, war der bahnbrechende Baukünstler der Jahrhundertwende. Der Lehrer von Adolf Loos, Joseph Maria Olbrich und Josef Hoffmann forderte den Verzicht auf jegliche sinnentleerte Ornamentik. Die formale Gestaltung, so sein Credo, müsse sich aus der Funktion ableiten, die Konstruktion gemeinsam mit dem Material die ästhetische Wirkung bestimmen. Mit diesen Prinzipien wurde er 1897 zum Doyen der secessionistischen Bewegung (s. S. 59), deren Mitglieder sich gegen das althergebrachte Kunstideal wandten und den Wiener Jugendstil begründeten. Schon zuvor, 1894, war Wagner zum Kaiserlichen Architekturbeauftragten ernannt und mit Planung und Bau der Stadtbahn betraut worden – ein gewaltiger Auftrag, zumal der Rastlose nicht nur Galerien, Brücken und über 30 Stationsgebäude entwarf, sondern sich mit derselben Sorgfalt auch den kleinsten Details wie Geländern, Lampen und Schriftzügen widmete.

Doch Wagner hinterließ in seiner Heimatstadt noch andere Spuren, zum Beispiel das Schleusenhaus am Nußdorfer Ende des Donaukanals oder das Postsparkassenamt (s. S. 52), dessen ästhetischer Funktionalismus bereits weit über den Jugendstil hinausweist. Im Wiental zeugen das Majolika- und dessen Nachbarhaus von Wagners Gespür für effektvolle Fassadengestaltung (s. S. 58). Und im äußersten Westen der Stadt, in der Hüttelbergstraße (Nr. 26 und 28), hinterließ er zwei sehenswerte monumentale Villen.

Auf den Hängen des Gallitzinberges erhebt sich die Krönung von Wagners Schaffen: die Kirche Am Steinhof, sakrales Hauptwerk der Secession und symbolischer Kontrapunkt zur üppig barocken Karlskirche (14., Baumgartner Höhe 1; nur Sa 15 Uhr im Rahmen einer Führung zu besichtigen!).

wertbare Ansicht Wiens. Auch in der Bildhauerei entsteht bereits in der *Gotik* Wegweisendes, etwa die sogenannte Dienstbotenmadonna im Stephansdom und das Hochgrab Friedrichs III. ebendort, das die Renaissance bereits vorwegnimmt.

Ihren Höhepunkt erreicht auch die Bildende Kunst im *Barock*. Meister wie Johann Michael Rottmayr und Daniel Gran, Franz Anton Maulbertsch, Paul Troger und Andrea del Pozzo schwelgen auf ihren Deckenfresken und Altargemälden in üppigen, von auf Wolken reitenden Engeln, Heiligen und Helden bevölkerten Phantasien. Die Art des Umgangs mit Farben und Licht verleiht jedem der von ihnen geschmückten Räume ein freudiges und feierliches Pathos. Zu den besten Bildhauern dieser Epoche zählen Georg Raphael Donner (Brunnen auf dem Neuen Markt), Balthasar Permoser und Balthasar Moll.

Während des Biedermeiers entwickelt die Malerei in Reaktion auf die triste politische Realität einen starken Hang zum Idyll und zur Besinnlichkeit. Die großen Künstler der *Romantik* wie Georg Ferdinand Waldmüller, Friedrich Gauermann, Moritz von Schwind oder Rudolf von Alt stellen allerdings in manchen Genrebildern die sozialen Mißstände durchaus kritisch dar.

Zum bekanntesten Maler der *Gründerzeit* wird der in seinen historischen Großgemälden auf dekorativen Prunk zielende Hans Makart. Hauptvertreter des bald darauf als Protestbewegung entstehenden *Jugendstils* (Secessionismus) ist Gustav Klimt. Ungefähr zur selben Zeit kündigt der stilistische Außenseiter Anton Romako bereits den kommenden *Expressionismus* an, dem nach der Jahrhundertwende Alfred Kubin, Egon Schiele, Richard Gerstl und Oskar Kokoschka zu einem Siegeszug durch die Galerien verhelfen.

Nach einem künstlerischen Stillstand in der Zeit des Austrofaschismus und der Besetzung durch das Dritte Reich

macht zuerst die „Wiener Schule der phantastischen Realisten" auf sich aufmerksam, zu der Rudolf Hausner, Arik Brauer, Wolfgang Hutter und Ernst Fuchs zählen. In den 60ern schockieren dann Künstler wie Günter Brus oder Hermann Nitsch mit diversen Schlachtungs-, Mal- und Selbstverstümmelungsaktionen das bürgerliche Publikum samt Kritikern. In der Folge splittet sich die Kunstszene in unzählige gegensätzliche Richtungen auf. Einige Namen auch kommerziell besonders erfolgreicher Repräsentanten: Arnulf Rainer, Adolf Frohner, Oswald Oberhuber, Christian Ludwig Attersee, Alfred Hrdlicka und – last but not least – Friedensreich Hundertwasser.

Musik

Lassen wir den mittelalterlichen Minne- und Meistergesang der Ritter und angehenden Bürger beiseite und beginnen wir die musikalische Chronik gleich mit ihrem ersten Höhepunkt: dem Imperialstil des Barock. Meister vom Rang eines Claudio Monteverdi und Marc Antonio Cesti kultivieren im Auftrag der Habsburger die italienische Oper am Hof zu Wien. Als großer Reformer der Gattung Oper tritt im 18. Jh. Christoph Willibald Gluck in Erscheinung. Wenig später wird Wien zum Sammelpunkt der großen Komponisten. Mit seinen Symphonien und Opern, Messen und Werken für Kammermusik prägt vor allem das Dreigestirn Haydn – Mozart – Beethoven jene Epoche, die als *Wiener Klassik* in die Musikgeschichte eingeht. Den Übergang zur *Romantik* schafft Franz Schubert, der begnadete Schöpfer eines neuen, vom Klavier mitbestimmten Liedstils. In diesen Jahren wird der Wiener Walzer geboren, dessen unwiderstehlichen Dreivierteltakt Josef Lanner, Johann Strauß und dessen Söhne rasch in aller Welt berühmt machen. Auch die Operette feiert im Wien des 19. Jhs. Triumphe. Ihre größten Komponisten: Johann Strauß Sohn, Franz Lehár, Carl Millöcker, Franz von Suppé.

In der Folge konzentriert sich das internationale Musikgeschehen noch zweimal in Wien: zum einen um die Jahrhundertwende, als Johannes Brahms, Anton Bruckner und Gustav Mahler hier ihre hochromantischen Instrumental- und Orchesterwerke komponieren. Und kurz darauf, als Arnold Schönberg die Fesseln der Tonalität sprengt, seine anfangs heftig befehdete Zwölftonmusik entwickelt und gemeinsam mit seinen Schülern Anton von Webern und Alban Berg die sogenannte Zweite Wiener Schule begründet. In ihre Fußstapfen steigen wenig später – vor allem als Opernkomponisten – Franz Schreker, Ernst Krenek und Gottfried von Einem.

In der Gegenwart hat Wien auf dem Gebiet der E-Musik ein wenig den Anschluß verloren. Die bedeutenderen zeitgenössischen Komponisten gastieren heute in Paris und London, aber auch in Köln und Darmstadt.

In anderen musikalischen Bereichen jedoch erobern einige Namen Konzertsäle ebenso wie zuweilen Hitlisten: die Liedermacher Wolfgang Ambros, Reinhard Fendrich, Georg Danzer und Ludwig Hirsch, der Wiener Rocker Ostbahn-Kurti mit seiner Band. Ein letzter Komponist und Kabarettist darf nicht vergessen werden: Georg Kreisler, dessen groteske, auch makabre Chansons exakt die Wiener Mentalität widergeben.

Literatur

Walther von der Vogelweide, Neidhart von Reuenthal und Oswald von Wolkenstein, große Vertreter des Minnesangs, tragen ihre Kunst am Wiener Hof der Babenberger vor. Im Barock werden sämtliche literarische Gattungen eifrig gepflegt. Doch die Namen der damaligen Lyriker und Prosaisten sagen heutigen Lesern kaum noch etwas. Zu einer breiten Entfaltung

Im Figarohaus verlebte Mozart seine glücklichsten Jahre, von 1784 bis 1787.

Nicht nur Beethoven, auch Mozart: Seine „Zauberflöte" wurde hier uraufgeführt.

der Dichtung kommt es dann im 19. Jh.: Als unbestrittener Meister des klassischen Dramas geht Franz Grillparzer in die Annalen ein. Ferdinand Raimund und der als „Wiener Aristophanes" bezeichnete Johann Nestroy verfassen geniale Volkskomödien im Dutzend. Bedeutendster Erzähler dieser Zeit ist Adalbert Stifter mit seinen Naturbeschreibungen und Gesellschaftsromanen. Eine erste Anklage gegen die sozialen Mißstände finden sich in den Werken Ferdinand von Saars und Marie von Ebner-Eschenbachs.

Um die Jahrhundertwende erlebt das literarische Wien eine beispiellose Blütezeit. Die Mitglieder der Vereinigung Jung-Wien – unter ihnen Hugo von Hofmannsthal, Arthur Schnitzler, Stefan Zweig und Peter Altenberg – rükken die Welt der Stimmungen, Nerven und Reize ins dichterische Blickfeld. Es ist, als sähen die Vertreter des Fin de siècle, des Wiener Symbolismus, zugleich das Ende einer Epoche voraus – und der Beginn des Ersten Weltkriegs gibt ihnen recht. Eine wortgewaltige Ausnahmeerscheinung ist der Satiriker und Sprachkritiker Karl Kraus. In den letzten Jahre der Monarchie macht eine neue literarische Bewegung auf sich aufmerksam: der Expressionismus, zu dessen wichtigsten Vertretern Georg Trakl, Franz Theodor Csokor und die dichtenden Maler Alfred Kubin und Oskar Kokoschka zählen.

In der Zwischen- und Nachkriegszeit wirken in Wien einige der größten deutschsprachigen Romanciers: Robert Musil, Hermann Broch, Joseph Roth und Heimito von Doderer. Wiens geistig-literarisches Leben ist jedoch zum großen Teil von jüdischen Bürgern getragen. Ihre Vertreibung und Verfolgung durch die Nationalsozialisten kommt einem geistigen Exodus gleich, der auch nach 1945 unumkehrbar bleibt. Nur wenige wie Fritz Hochwälder, George Saiko und Alexander Lernet-Holenia knüpfen stilistisch an Vorkriegstraditionen an. Andere wie etwa Friederike Mayröcker und die „Wiener

Gruppe" um H. C. Artmann gehen neue Wege, indem sie in ihre Textmontagen Dadaistisches, Surrealistisches und Mundartliches einbeziehen. Aus der großen Schar der Dramatiker ragen Wolfgang Bauer, Peter Turrini und v. a. Thomas Bernhard heraus.

Veranstaltungskalender

Januar: Neujahrskonzert der Wiener Philharmoniker. – Fasching und Ballsaison (6.1. bis Aschermittwoch); Höhepunkte: Philharmoniker-Ball, Techniker-Cercle, Opernball.

Februar: Festival für Alte Musik.

März: Haydn-Tage.

April: Stadtfest (letzter Sa).

Mai: Festwochen mit Internationalem Musikfest (Mitte Mai–Mitte Juni).

Juni: Blumenkorso im Prater. – Donauinselfest (Ende Juni).

Juli/August: Jazz-Fest (Anf. Juli). – Sommertheater in der Umgebung von Wien. – Internationale Sommertanzwochen (Mitte Juli–Ende Aug.) – Wiener Musiksommer/ Klanghogen (Juli–Sept.).

September: Prater-Volksfest (Anf. Sept.).

Oktober: Viennale Film-Festival. – Festival der Musik des 20. Jhs./„Wien modern" (Ende Okt.–Anfang Dez.).

November: Schubertiade (zweite Monatshälfte). – Kunst- und Antiquitätenmesse.

Dezember: Christkindl- und Weihnachtsmärkte auf der Freyung, dem Spittelberg, vor dem Rathaus und vor Schloß Schönbrunn (Ende Nov.–Weihnachten). – Silvesterfest in der Innenstadt, Kaiserball in der Hofburg (31.12.).

Essen & Trinken

Luxusrestaurants

(Menü 600–1500 öS)

Korso, 1. Bezirk, Mahlerstr. 2,
☎ 5 15 16-0, ⏰ So–Fr 12–14 und
19–1 Uhr, Juli und August mittags
geschl. Sei es Altwienerisches wie
Erdäpfelgulasch oder Kuttelgröstl, sei
es Experimentelles wie Rochenflügel
oder Morchelravioli – was der Chef de
cuisine Reinhard Gerer auf die Teller
zaubert, zählt zum absolut Besten, was
die neue österreichische Küche zu
bieten hat. ⑤⟩⟩

Schwarzenberg, 3., Schwarzenberg-
platz 9, ☎ 78 45 15-600, ⏰ tgl. 12–15
und 18–23 Uhr, Bar 11–2 Uhr. Gibt es
für ein Dinner einen bezaubernderen
Ort als den Wintergarten im Palais des
alten Feldmarschalls? Die Atmosphäre
ist von diskreter Eleganz, Tischkultur
und die Qualität von Service und
Speisen liegen noch über den
eindrucksvollen Preisen. Und wenn
dann im angrenzenden Park, wie
manchmal im Sommer, noch das Ballett der Wiener Staatsoper eine Vorstellung gibt … ⑤⟩⟩

Zu den drei Husaren, 1., Weihburg-
gasse 4, ☎ 5 12 10 92, ⏰ tgl. 12–15
und 18–2 Uhr. Ein Denkmal der Hohen Wiener Küche. Stilmöbel, Kerzen-
licht, Walzermusik und perfekter Service sind die äußerlichen Gründe für
diesen Ruf, die kulinarischen Kreatio-
nen seine Quintessenz. ⑤⟩⟩

Do&Co, 1., Stephansplatz 12,
☎ 5 35 39 69-18, ⏰ Mo–So 12–15 und
18–24 Uhr. Ein klassischer In-Treff für
Gourmets und Schickimickis im Haas-
Haus. Der Blick auf Dom und Dach-
landschaft der City raubt den Atem,
die Formen- und Farbenspiele des
Stararchitekten, die adrette Bedienung

*Der Arbeitsplatz des Romanciers
Heimito von Doderer.*

Typisches Wiener Beisl.

Im Figlmüller, Wollzeile 5.

und natürlich die exzellente Küche tun ihr Übriges. Jeden Di und Sa gibt`s japanischen Teppanyaki-Grill. $⑤⟩⟩$

Altwiener Spezialitäten

Hietzinger Bräu, 13., Auhofstr. 1, ☎ 8 77 70 87, ⓣ tgl. 11.30–15 und 18–23.30 Uhr. Schon einmal Schulterscherzl, Hüferl, Fledermaus oder Meise probiert? Nein? Dann hereinspaziert in diese Hochburg der Tradition, in der man wie nirgendwo sonst noch gekochtes Rindfleisch auf Altwiener Art zubereitet, nämlich in ungefähr 15 Variationen! $⑤⟩$

Zum Herkner, 17., Dornbacher Str. 123, ☎ 45 43 86, ⓣ Mo–Fr 9–22 und 18–22 Uhr. Ein kleines gediegenes Vorstadt-Wirtshaus, in dem Beuschel und Buchteln noch schmecken wie einst bei Omama. Was freilich auch Prominente und Schickimickis längst entdeckt haben. $⑤⟩$

Zum Alten Heller, 3., Ungargasse 34, ☎ 7 12 64 52, ⓣ Di–Sa 9.30–23 Uhr. Für ihn gilt dasselbe wie für den Herkner, nur die Promis fehlen. $⑤⟩$

Pfudl, 1., Bäckerstr. 22, ☎ 5 12 67 05, ⓣ Mo–Fr 9–24, Sa 9–15 Uhr. Urwüchsiger und typischer geht es kaum: Mittags versammelt sich die aus Doderer- und Joseph-Roth-Romanen bekannte Beamtenschaft aus den umliegenden Ministerien, um sich Milzschnittensuppe, Rostbraten und Millirahmstrudel schmecken zu lassen. Prädikat: Alles echt! $⑤$

Preiswert und typisch

Schweizerhaus, 2., Prater, Straße des 1. Mai 116, ☎ 2 18 01 52, ⓣ März bis Mitte Nov. tgl. 10–24 Uhr. Klassisches Prater-Ausflugslokal mit riesigem Garten und Kinderspielplatz. Gegrillte Stelzen und gepflegtes Faßbier. $⑤$

Witwe Bolte, 6., Gutenberggasse 13, ☎ 93 14 50, ⓣ tgl.11.30–1 Uhr. Ältestes und sehr uriges Lokal des Spittel-

berg-Viertels. Alt-Wiener Hausmannskost, cholesterinträchtig, aber köstlich – wie es sich gehört. $⑤$

Wrenkh, 15., Hollergasse 9, ☎ 8 92 33 56, ⓣ Mo–Sa 11.30–14.30 und 18–24 Uhr. Die erste Adresse für gesundheitsbewußte Schlemmer. In dem gemütlichen Beisl serviert man erstklassige Vollwert- und Vegetariergerichte und exquisite Weine. $⑤$

Heurige

Mayer am Pfarrplatz, 19., Heiligenstädter Pfarrplatz 2, ☎ 37 12 87, ⓣ 16–24 Uhr. In dem Gemäuer, in dem einst Beethoven wohnte und Teile der 9. Symphonie komponierte, befindet sich heute die Parade-Buschenschank Wiens. Mehrere rebenbestandene Innenhöfe, viel Prominenz, gute Weine und ein üppiges Büfett.

Sirbu, 19., Kahlenberger Str. 210, ☎ 32 59 28, ⓣ Mo–Sa 16–22 Uhr. Ein Heuriger wie aus dem Bilderbuch: inmitten von Weingärten, ruhig, mit Panoramablick auf Wien.

Zwölf-Apostel-Keller, 1., Sonnenfelsgasse 3, ☎ 5 12 67 77, ⓣ tgl. 16.30 bis 24 Uhr. Beliebter Stadtheuriger in historischem Weinkeller, zwei Stockwerke tief unter der Erde. Gute Weine, auch warme Küche.

Szene-Lokale & Bars

Seit dem Frühlingserwachen der Wiener Lokalszene vor rund 15 Jahren sind die Möglichkeiten zum Abheben oder Abstürzen schier unbegrenzt.

Auf die Gefahr ärgster Willkürlichkeit hin dennoch einige Tips:

Hold, 1., Biberstr. 8, ☎ 5 12 61 29, ⓣ Mo–Sa 20–3 Uhr. Riesiger rosafarbener In-Treff der „beautiful people“.

Daniel Moser, 1., Rotenturmstr. 14, ☎ 5 13 28 23, ⓣ tgl. 8–24 Uhr. Schlichtes, kleines Lokal in Weiß und Holz. Bei der Jeunesse dorée als Bühne zum Sehen und Gesehenwerden beliebt. Gesunde Häppchen und frische Fruchtsäfte.

Krah Krah, 1., Rabensteig 8, ☎ 5338193, ⏱ tgl. 11–2 Uhr. Das Mekka für Bierfreunde, 50 Sorten! Leicht studentisches Flair, laute Musik, aber trotzdem Kommunikationstreffpunkt. Spezialität: große, belegte Schwarzbrottoasts.

On Broadway, 1., Bauernmarkt 21, ☎ 5332849, ⏱ Mo–Sa ab 17 bis mindestens 2 Uhr morgens. Stimmungsvolle, plüschige Piano-Bar für ein romantisches Tête-à-tête bei Champagner. Zuweilen Chanson- und Kabarettabende.

Der Heurige Sirbu, Ausflugsziel am Wiener Stadtrand.

Kaffeehäuser

Statt der üblichen Demels und Sachers, Landtmanns und Hawelkas, über die man beim Flanieren in der Inneren Stadt ohnehin unweigerlich stolpert, seien im folgenden ein paar weniger bekannte, aber um nichts weniger typische Kaffeehäuser empfohlen:

Vielleicht das berühmteste Café: Demel am Kohlmarkt.

Hartauer/ Zum Peter, 1., Riemergasse 9, ⏱ Mo–Fr 8–2, Sa und Fei 17–2 Uhr. Das Eldorado für Opernfreaks.

Prückl, 1., Stubenring 24, ⏱ tgl. 9–22 Uhr. Großes Ringstraßencafé im lupenreinen Stil der 50er Jahre.

Zartl, 3., Rasumofskygasse 7, ⏱ Mo–Fr 8–24, Sa 8–18 Uhr. Unprätentiös, aber gerade deshalb eines der schönsten Kaffeehäuser überhaupt.

Goldegg, 4., Argentinierstr. 49, ⏱ Mo–Fr 7–22, Sa, So, Fei 8–13 Uhr, im Sommer So und Fei geschl. Stilvoll und still.

Drechsler, 6., Linke Wienzeile 22, ⏱ Mo–Fr 3.30 (!) –20, Sa 3.30–18 Uhr. Wunderbar schäbig, ideal zum Typenstudium.

Stein, 9., Währinger Str. 6, ⏱ Mo–Sa 7–1, So 9–1 Uhr. Postmoderner Studenten-Treff, Kontrapunkt zum Café.

„Nicht daheim …

… und doch zu Hause". Dieses überaus treffende Bonmot von Peter Altenberger charakterisiert das Verhältnis der Wiener zum Kaffeehaus bis heute. Das „öffentliche Wohnzimmer" ist eine eigene Welt. Wer es als Fremder betritt, kann aber nur einen großen Fehler begehen: Bestellen Sie niemals einen „Kaffee", womöglich gar mit Betonung auf der ersten Silbe – der Ober würde Sie sein Leben lang verachten. In Österreich unterscheidet man zwischen einem (Großen oder Kleinen) Braunen (mit Milch) und einem Schwarzen (ohne Milch). Eine Melange ist ein stark mit Milch versetzter Kaffee mit einem Häubchen aus Schlagsahne (Schlagobers).

Unterkunft

In der Hauptsaison ist rechtzeitiges Reservieren dringend zu empfehlen. Ein aktuelles Verzeichnis aller Hotels und Pensionen können Sie kostenlos über die Österreich-Werbung in Ihrem Heimatland beziehen (s. S. 93). Wenn Sie bereits in Wien eingetroffen sind und nicht wissen, wo des Nachts Ihr Haupt betten, hilft Ihnen die Zimmervermittlung der Tourist-Information (s. S. 93)

(Zur Erklärung der Preissymbole siehe Seite 2.)

Luxushotels

(ab 1000 öS pro Person im Doppelzimmer)

Imperial, 1., Kärntner Ring 16, ☎ 501 10-0, 🖷 501 10-410. Unbestritten die erste Adresse der Stadt, an der offizielle Staatsgäste und andere Stars abzusteigen pflegen.

Sacher, 1., Philharmonikerstr. 4, ☎ 5 14 56, 🖷 5 14 57-810. Ähnlich hoher Bekanntheitsgrad, nicht zuletzt dank seiner Schokoladentorte.

Vienna Plaza, 1., Schottenring 11, ☎ 3 13 90-0, 🖷 3 13 90-160. Das erst vor wenigen Jahren erbaute und zur Hilton-Gruppe gehörende Hotel ist moderner, in lupenreinem Jugendstil ausgestattet, aber nicht minder elegant.

Gehobene Mittelklassehotels

König von Ungarn, 1., Schulerstr. 10, ☎ 5 15 84-0, 🖷 51 58 48. Ein ebenso gediegenes wie intimes Vier-Sterne-Haus, eine Gehminute vom Stephansdom. Besonders schön: der glasüberdachte Innenhof. ⓢ⟩⟩

Parkhotel Schönbrunn, 13., Hietzinger Hauptstr. 10–20, ☎ 8 78 04, 🖷 8 78 04-32 20. Einst das Gästehaus des Kaisers. Der Glanz aus k.u.k Zeiten hat sich zum großen Teil erhalten. Großer Pluspunkt: die unmittelbare Nähe zu Park und Schloß Schönbrunn. ⓢ⟩⟩

Vienna Penta Renaissance, 3., Ungargasse 60, ☎ 7 11 75-0, 🖷 7 11 75-90. Nagelneues, architektonisch reizvolles Großhotel im postmodernen Schick, allerdings 10 Straßenbahnminuten von der Ringstraße entfernt. ⓢ⟩

Mittelklassehotels

Wandl, 1., Petersplatz 9, ☎ 5 34 55-0, 🖷 5 34 55 77. Klein, erschwinglich und in optimaler Lage in der Fußgängerzone der Inneren Stadt. ⓢ

Zur Wiener Staatsoper, 1., Krugerstr. 11, ☎ 5 13 12 74, 🖷 5 13 12 74-15. Frisch renoviertes, behagliches Innenstadt-Quartier, in dem – nomen est omen – gerne Sänger der nahen Oper absteigen. ⓢ

Einfache Hotels

Rathaus, 8., Lange Gasse 13, ☎ 4 34 3 02, 🖷 4 08 42 72. Preiswerter Standard mit großem Vorteil: einmal umfallen, und man landet in einem der vielen Beisln des Josefstädter Szene-Viertels. ⓢ

Kugel, 7., Siebensterngasse 43, ☎ 93 33 55, 🖷 93 16 78. Wer sein Urlaubsbudget knapp kalkuliert, reserviert hier. Nichts Aufregendes, aber durchaus passabler Komfort. In einem der quirligsten Einkaufsviertel gelegen. ⓢ

Pensionen

Arenberg, 1., Stubenring 2, ☎ 5 12 52 91, 🖷 5 13 93 56. Der Rolls-Royce unter den Pensionen: plüschig-elegant und bestens gelegen. ⓢ⟩⟩

Nossek, 1., Graben 17, ☎ 5 33 70 41, 🖷 5 35 36 46. Zentraler geht´s nicht mehr, kostengünstiger Familienbetrieb in nobler Lage. Ⓢ

Haydn, 6., Mariahilfer Str. 57–59, ☎ 587 44 14, 🖷 586 19 50. Gutbürgerliche Herberge in einer nicht gerade leisen Shoppingmeile. Mit der U-Bahn ist´s nur ein Katzensprung ins Zentrum. Ⓢ

Jugendherbergen

Unter den neun ganzjährig geführten Jugendherbergen sind folgende besonders zu empfehlen:

Schloßherberge am Wilhelminenberg, 16., Savoyenstr. 2, ☎ 45 85 03-700, 🖷 45 85 03-702. Feudales Ambiente mit Blick über die ganze Stadt.

Jugendgästehaus der Stadt Wien – Hütteldorf-Hacking, 13., Schloßberggasse 8, ☎ 877 02 63, 🖷 87 70 26 32. Für Ruhebedürftige: angenehme Lage im Grünen am Rand des Lainzer Tiergartens.

Die Übernachtung mit Frühstück kostet 130–200 öS (Inhaber eines internationalen Jugendherbergsausweises erhalten Ermäßigung). Eine Altersgrenze gibt es nicht, aber buchen Sie frühzeitig!

Campingplätze

Wien West I + II, 14., Hüttelbergstr. 40 bzw. 80, ☎ 94 14 49 oder 94 23 14, 🖷 9 11 35 94, ◷ März–Januar (8 km vom Stadtzentrum).

Wien Süd, 23., Breitenfurter Str. 269, ☎ 8 659 2 18, ◷ nur im Hochsommer (8 km vom Stadtzentrum).

Activ Camping Neue Donau, 22., Am Kleehäufel, ☎ 2 20 93 10, ◷ Mitte Mai bis Mitte Sept. (4 km vom Zentrum).

Camping Rodaun, 23., An der Au 2, ☎ 88 41 54, ◷ März–Nov. (10 km vom Zentrum).

Wahrhaft noble Herberge: das legendäre Hotel Sacher.

Im Imperial fühlen sich auch gekrönte Staatsgäste schnell wie zu Hause.

Intimes Haus mit Patina.

Einkaufen

Die Hauptstraßen des guten Geschmacks, an denen sich wie Perlen Luxusladen an Luxusladen reiht, liegen im goldenen Dreieck zwischen Hofburg, Oper und Stephansdom und heißen Kohlmarkt, Graben und Kärntner Straße. Überraschungen tun sich aber in den vielen Seitengassen auf, denn dort sind kleine und originelle Boutiquen, Galerien, Antiquitätenläden usw. zu Hause. Wenn Sie freilich nach Schnäppchen Ausschau halten, müssen Sie in die Außenbezirke reisen. Die beliebtesten Shoppingparadiese sind die **Favoritenstraße** (zwischen Südtiroler und Reumannplatz), die **Landstraßer** und **Meidlinger Hauptstraße** sowie die **Mariahilfer Straße**. Alles unter einem Dach und obendrein höchst preisgünstig findet man in der **Shopping City Süd** an der südlichen Stadtgrenze.

Antiquitäten & Auktionen

Dorotheum, 1., Dorotheergasse 17. Eines der größten Auktionshäuser der Welt, nachdem es als Pfandleihhaus schon lange nicht mehr leben kann. Bücher, Briefmarken, Schmuck, Teppiche, Kunstwerke aller Art und Stilmöbel flüstern ihr „Kauf mich". Damit manche sofort erhört werden können, gibt es einen Bereich „Freier Verkauf". Das Bummeln durch die Stockwerke ist ein Vergnügen. Siehe Seite 38.

Bücher

Freytag & Berndt, 1., Kohlmarkt 9. Karten, Pläne und Reiseliteratur.

Morawa, 1., Wollzeile 11. Mit dem bestes Zeitschriftensortiment der Stadt.

Wolfrum, 1., Augustinerstr. 10. Kunstbücher.

Confiserie & Patisserie

Altmann & Kühne, 1., Graben 30. Handgefertigte Minizuckerl in zauberhaften Schachterln.

Sacher, 1., Kärntner Str. 38. Straßenverkauf für die legendäre Schokoladentorte.

Imperial, 1., Kärntner Ring 16. Die Tortenkonkurrenz des Sacher.

Kleidung, Wäsche, Tracht

Braun & Co, 1., Graben 8. Edle Kleider, Mäntel, Dessous, Tischdecken etc. in höchst prunkvollem Ambiente.

Kann, 1., Singerstr. 6/2/8. Der Komet unter den vielen jungen Modemachern der Stadt.

Lang, 1., Bauernmarkt 2a. Wiens international renommiertester Modeschöpfer.

Zur Schwäbischen Jungfrau, 1., Graben 26. Tisch- und Bettwäsche, von der feinsten Klöppelspitze bis zum Petit-point-Pölsterchen.

Hammerer, 1., Kärntner Str. 29–31. Österreichische Tracht, sportlich-elegant.

Tostmann, 1., Schottengasse 3a. Regionale Trachten aus Österreich und junge Mode.

Kunsthandwerk & Souvenirs

Augarten–Porzellanmanufaktur, 1., Stock-im Eisen-Platz. Das Meißen von Wien. Hier gibt es das berühmteste aller Wien-Souvenirs: glänzend weiße Miniatur-Lipizzaner für die Vitrine daheim oder als wahrhaft königliches Mitbringsel. Siehe Seite 73.

Horn, 1., Bräunerstr. 7. Kleines, aber feines Sortiment handgemachter Ledertaschen in unverwechselbar schlicht-elegantem Design.

Kuriosa

Knopfkönig, 6., Mariahilfer Str. 53. In diesem putzigen Laden aus Großmutters Zeiten lagern Abertausende Knöpfe in allen nur erdenklichen Formen und Farben.

Schönbichler, 1., Wollzeile 4. Allein der betörende Duft lohnt den Besuch. Hier wählen Tee-Enthusiasten unter vielen Dutzend exotischen Sorten und kaufen vom russischen Samowar bis zum chinesischen Service alle Requisiten für ihr geheiligtes Ritual.

Möbel & Design

Goess, 1., Vorlaufstr. 1. Europas erstes „Kaufhaus für Lebensstil": eine 700 km² große Fundgrube für Hypermodernes wie Antikes: vom Beduinenschmuck bis zur Philip-Starck-Vase, von der altenglischen Silbertabatiere bis zum Tiffany-Besteck.

Karolinsky, 1., Singerstr. 16. Jugendstil- und Designerlampen, manche nach Originalentwürfen von Adolf Loos und Josef Hoffmann gefertigt.

Märkte

Naschmarkt, 4., Wienzeile zwischen Kettenbrückengasse und Karlsplatz, ☉ tgl. 7–18 Uhr. Der Bauch der Stadt mit Basar-Flair: Obst, Gemüse, Selbstgebranntes und -eingewecktes aus aller Herren Länder. Siehe Seite 58.

Flohmarkt, am Südende des Naschmarktes, ☉ Sa 9–18 Uhr. Leider viel zu bekannt, auch bei Taschendieben.

Kunstmarkt am Spittelberg, 7., Spittelberggasse, ☉ Sa 10–18 Uhr, zur Adventzeit tgl. 12–18 Uhr. Kunsthandwerk und Biokost.

Kunst- und Antikmarkt, 1., Donaukanalpromenade zwischen den U-Bahnstationen Schwedenplatz und Schottenring, ☉ Mai–Sept. Sa 14–20, So 10–20 Uhr.

In der Kärntner Straße reiht sich Versuchung an Versuchung.

Neu oder antiquarisch? Wien besitzt viele gute Buchhandlungen.

Immer für Entdeckungen gut: Flohmarkt am Naschmarkt.

Wien am Abend

Veranstaltungsprogramm

Am umfassendsten informiert die mittwochs erscheinende Stadtzeitschrift „Falter". Die großen Tageszeitungen „Standard", „Presse" und „Kurier" unterrichten jeweils freitags in ihren Beilagen detailliert über die kulturellen Ereignisse der kommenden Woche. Den monatlichen Veranstaltungskalender des Wiener Tourismusverbandes erhält man kostenlos in allen guten Hotels, kann ihn aber auch schon vor der Reise bei der Österreich-Werbung im Heimatland anfordern (s. S. 93).

Theater

Aushängeschild der Wiener Sprechbühnen und im ganzen deutschen Sprachraum legendär ist das **Burgtheater** (1., Dr. Karl-Lueger-Ring 2). Es hat von Shakespeare bis Thomas Bernhard stets mehrere Dutzend Inszenierungen im laufenden Spielplan und spielt fast jeden Abend ein anderes Stück. Ihm angeschlossen ist das **Akademietheater** (3., Lisztstr. 1) mit einem eigenen, mehr die Moderne pflegenden Programm.

Zu den großen arrivierten Bühnen Wiens zählen außerdem das **Theater in der Josefstadt** (8., Josefstädter Str. 24–26; Boulevardstücke und Klassiker) mit seiner Experimentierbühne, dem **Rabenhof** (3., Rabengasse 3, beide ☎ 402 51 27), sowie das **Volkstheater** (7., Neustiftgasse 1, ☎ 93 55 58), das Zeitgenössisches und Avantgardistisches bevorzugt.

Von den insgesamt 84 Klein- und Mittelbühnen seien folgende speziell empfohlen:

Schauspielhaus, 9., Porzellangasse 19, ☎ 34 01 01-18. Spannende und kritische Avantgarde.

Serapionstheater im Odeon, 2., Taborstr. 10, ☎ 2 14 55 62. Non-verbale Avantgarde vom Feinsten.

Kabarett

Zwei Fixsterne der blühenden Kabarettszene Wiens:

Kulisse, 17., Rosensteingasse 39, ☎ 45 38 70. Beliebte Vorstadtbühne für die Großen der Kleinkunst. Besonders gemütlich, weil man während der Vorstellung essen und trinken kann.

Niedermair, 8., Lenaugasse 1a, ☎ 408 44 92. Von einer jungen Prinzipalin mit großem Engagement geführte Kleinkunstbühne, auf der sich Nachwuchstalente erste Sporen verdienen, aber auch Stars gastieren.

Musikbühnen und Konzertsäle

Natürlich zuvorderst zu nennen: die **Wiener Staatsoper** (1., Opernring 2), eines der berühmtesten Opernhäuser der Welt. Für die leichtere Muse, sprich Operette zuständig ist die der Staatsoper angeschlossene **Volksoper** (9., Währinger Str. 78).

Zu Wiens wachsendem Ruf als *Musical*-Metropole tragen bei:

Theater an der Wien, 6., Linke Wienzeile 6, ☎ 5 88 30-310. Klein, intim.

Raimund Theater, 6., Wallgasse 18, ☎ 5 99 77-27. Ein schönes altes Theater.

Ronacher, 1., Seilerstätte 9, ☎ 5 14 02.

Die Zentren des *Konzertgeschehens:*

Musikverein, 1., Bösendorferstr. 12, ☎ 50 58 190. Stammhaus der Wiener Philharmoniker. Klassisches Repertoire.

Konzerthaus, 3., Lothringerstr. 20, ☎ 7 12 46 86-0. Viel Zeitgenössisches, gespielt von den Wiener Symphonikern.

Kartenvorverkauf

Für die **Bundestheater**
(Staats- und Volksoper,
Burg- und Akademietheater)
erhält man Karten beim
Bundestheaterverband,
1., Hanuschgasse 3,
☎ 5 14 44-29 59 oder -29 60,
🖷 5 14 44-29 69. Der Vorverkauf beginnt sieben Tage vor
der Vorstellung. Stehplätze

nur an der Abendkasse. Telefonischer
Vorverkauf für Kreditkarteninhaber
unter ☎ 5 13 15 13. Für die **Vereinig-
ten Bühnen Wien** (Raimundtheater,
Theater an der Wien): 6., Linke Wienzeile 6, ☎ 5 99 77-19. Auch hier kann
man mit Kreditkarte bestellen. Karten-
vorverkauf für alle anderen Bühnen
über die angegebene Telefonnummer.
Schriftlich und einen Monat im voraus
kann man alle Karten auch über den
Vienna Ticket Service beziehen; Postfach 160, A-1060 Wien; Informationen unter ☎ 5 87 98 43, 🖷 5 87 98 44.
Preisaufschlag: je nach Bühne 5–22%.

*Im Burgtheater wirkt Claus
Peymann als Theaterdirektor
und schneidet Zöpfe ab.*

Jazz, Blues, Country

Jazzland, 1., Franz-Josefs-Kai 29,
☎ 5 33 25 75. Seit Jahrzehnten *der*
Jazz-Tempel der Stadt, die Heimat der
österreichischen Jazz-Szene.

Porgy & Bess, 1., Spiegelgasse 1,
☎ 5 12 84 38. Treff für Jazz-Puristen
mit sehr ambitioniertem Programm.

Die Wiener Staatsoper.

Diskotheken

P1, 1., Rotgasse 9, ◔ tgl. 21–4 Uhr.
In-Treff der Unter-Zwanzigjährigen.

U4, 12., Schönbrunner Str. 222–228,
◔ tgl. 21–3 Uhr. Der Pionier unter
Wiens Diskos. Gruftig-grau, oft mit
Live-Musik.

Volksgarten, 1., Burgring 1,
◔ Sa 20–5, So 16–2 Uhr. Tanzpavillon
für die Jeunesse dorée im lupenreinen
Stil der 50 er Jahre.

Reisewege & Verkehrsmittel

Anreise

Per Flugzeug

Der Flughafen Schwechat liegt 19 km südöstlich des Stadtzentrums. Transfer-Busse verkehren von 6 Uhr bis kurz vor Mitternacht alle 20 Minuten zum City Air Terminal im Hotel Hilton am Stadtpark (Fahrzeit: 20 Min.) und alle 60 Minuten zum Süd- bzw. Westbahnhof. Sparsamen steht darüber hinaus die Schnellbahn (S7) zur Verfügung; Fahrzeit für die Strecke Wien Nord/Praterstern – Wien Mitte/Landstraße – Flughafen: ca. 30 Minuten.

Die Fahrt mit dem Taxi in die Innenstadt muß man sich leisten können, denn da der niederösterreichische Taxifahrer die Landesgrenze überquert, darf er in Wien keine neuen Fahrgäste aufnehmen und muß leer zurückfahren. Zwischen 250 und 400 öS müssen einkalkuliert werden.

In der Ankunftshalle des Flughafens befindet sich ein Informationsbüro mit Zimmervermittlung.

Per Bahn

Sehr gute EuroCity-Verbindungen ermöglichen die schnelle Anreise aus Deutschland und der Schweiz. Bahnreisende aus den alten deutschen Bundesländern und der Schweiz steigen am Wiener Westbahnhof aus. Von dort gelangen sie mit der U3 in die Innere Stadt. Aus Berlin und den neuen Bundesländern kommend heißt die Endstation Franz-Josefs-Bahnhof.

Weitere Informationen: Bahn-Totalservice ☎ 1700; Zugauskunft ☎ 1717; über die Zugverbindungen der Westbahnstrecke ☎ 1552, Südbahnstrecke

☎ 1553. Am West- und Südbahnhof befinden sich Reisebüros mit Zimmervermittlung.

Per Schiff

Wer von Passau oder Linz auf dem Wasserweg der Donau anreist, legt an der Schiffsstation Wien-Reichsbrücke an. Dort befindet sich ein Auskunftsschalter der Donau-Dampfschiffahrtsgesellschaft (DDSG), ☎ 21750-0; Fahrplanauskünfte ☎ 1537.

Per Auto

Auf Österreichs Autobahnen gilt Tempolimit 130 km/h, auf Landstraßen 100 km/h, in Ortsgebieten 50 km/h. Die österreichischen Automobilklubs heißen ÖAMTC und ARBÖ. Beide Organisationen geben, wie auch der Radiosender Ö3, Informationen über den Verkehrszustand (☎ 1590 oder 1527). Mitzuführen haben Autofahrer den nationalen Führerschein, den Fahrzeugschein und ein Nationalitätskennzeichen (D, CH), ferner Autoapotheke und Pannendreieck. Für Freunde des österreichischen Weins: Es gilt die 0,8-Promille-Grenze. In den Städten besteht ein allgemeines Hupverbot.

In Wien

Mit dem Auto

Zu Anfang eine dringende Empfehlung: Wien freut sich über jeden Touristen, besonders aber über den ohne eigenen Pkw. Denn seit der Öffnung des Eisernen Vorhangs hat nicht nur der Transitverkehr stark zugenommen. Auch die Staus sind länger und die Parkplatznöte noch größer geworden. Deshalb lasse man sein Auto für die Dauer des Aufenthalts auf einem strafzettelsicheren Parkplatz stehen (der Hotelportier hilft beim Auffinden eines solchen gerne). Zumindest in der Inneren Stadt ist man zu Fuß ohnehin schneller. Wer dennoch innerstädtisch mit dem eigenen fahrbaren Untersatz unterwegs ist, braucht gute Nerven:

Die Wiener sind im Straßenverkehr alles andere als gemütlich. In Kurzparkzonen, die beschildert und zudem mit blauen Bodenmarkierungsstreifen gekennzeichnet sind, sowie im gesamten 1. Bezirk ist das Parken nur mit Parkscheinen für die Dauer von maximal eineinhalb Stunden gestattet. Kaufen kann man die Parkscheine bei den Vorverkaufsstellen der Wiener Verkehrsbetriebe, in allen Tabaktrafiken und in vielen Tankstellen und Banken. Entwertet werden sie, indem man auf den vorgedruckten Kästchen Jahr, Monat, Tag und Stunde anzeichnet. Sie müssen gut sichtbar hinter der Windschutzscheibe plaziert sein. Wer verkehrsbehindernd parkt, wird sofort abgeschleppt, und das kommt teuer! Auch nicht eben billig, aber nervensparend: die zahlreichen Tiefgaragen.

Eine Fahrt mit der Straßenbahn verspricht viel Lokalkolorit.

Mietwagenfirmen bieten ihre Dienste zu international üblichen Tarifen an. Eine Auswahl: Arac, 1., Schubertring 9, ☏ 7 14 67 17. Avis, 1., Opernring 3–5, ☏ 06 60/ 87 57. Buchbinder, 3., Schlachthausgasse 38, ☏ 7 17 50-0. Europcar, 1., Kärntner Ring 14, ☏ 5 05 41 66. Hertz, 3., Ungargasse 37, ☏ 7 13 15 96. Rainbow, 12., Biedermanngasse 35, ☏ 8 02 23 49.

Die Stadtbahn (heute Teil der U-Bahn), ein Werk Otto Wagners.

Per Taxi

Am Straßenrand zu winken, lockt nur in Ausnahmefällen ein leeres Taxi an. Erfolgversprechender ist es, zum nächsten Standplatz zu gehen (Liste im Telefonbuch unter „Taxi") oder per Funk zu bestellen (Taxiruf: ☏ 6 01 60, 3 13 00, 8 14 00, 4 01 00). Außerhalb der Stadt wird der Preis frei vereinbart.

Mit dem Fahrrad

Seit einigen Jahren ist Radfahren in Wien en vogue. Viele Kilometer gut gekennzeichneter Radwege wurden angelegt. Alle Informationen wie Radkarten und -literatur bei ARGUS, 4., Frankenberggasse 11, ☏ 6 58 43 5. Fahrradverleih: am Westbahnhof, ☏ 5 8 00-3 29 85, und bei Vienna Bike, 1., Salz-

Wiens Radwegenetz wurde zügig ausgebaut.

torbrücke 1, ☎ 31 12 58. Außerdem etliche Verleihstellen im Prater und entlang der Donauinsel.

Mit öffentlichen Verkehrsmitteln

Wien verfügt über fünf *U-Bahnlinien* (U1, 2, 3, 4 und 6). Die *Schnellbahnen* dienen vor allem der Verbindung zu den Umlandgemeinden. Das Netz der *Straßenbahnlinien* hat eine Dichte, um die viele Großstädte Wien beneiden. Nicht minder flächendeckend operieren die städtischen *Autobusse.*

Fahrbetrieb aller „Öffentlichen": ca. 5 bis 24 Uhr. Zwischen 0.30 und 4 Uhr verkehren halbstündlich *Nachtautobusse* (Fahrscheine im Bus zum Sondertarif von 25 öS).

Alle Fahrkarten berechtigen zum Fahren auf dem gesamten Streckennetz des Stadtgebiets (Zone 100); nur bei der Schnellbahn und einigen privaten Autobuslinien werden auch Karten verkauft, die nicht zum Umsteigen berechtigen. Fahrkarten müssen bereits außerhalb des Bahnsteigbereichs an Vorverkaufsstellen oder Automaten gekauft und vor der Fahrt entwertet werden. Es gibt sie im Block zu 5 oder 10 Stück à 15 öS. Einzelfahrscheine (nur im Bus und in der Straßenbahn in Münzautomaten) kosten 20 öS. Am günstigsten für Kurzbesucher ist die 24-Stunden-Netzkarte für 45 öS. Daneben gibt es auch 72-Stunden- und Wochenkarten (115 bzw. 125 öS). Mit Ausnahme der Wochenkarte, für die ein Lichtbild erforderlich ist, sind die Karten an Automaten erhältlich. Auch die Tourist-Informationsstellen (s. S. 93), Tabaktrafiken und Vorverkaufsstellen der Verkehrsbetriebe halten die Karten bereit.

Kinder bis zu 6 Jahren fahren übrigens generell gratis, Kinder bis zu 15 Jahren an Sonn- und Feiertagen und während der Wiener Ferien (auch Nicht-Wiener mit Schülerausweis!). Ansonsten gilt für Kinder bis zum vollendeten 15. Lebensjahr der ermäßigte Tarif, der „Halbpreisfahrschein".

REGIONAL-, S- UND U-BAHNLINIEN

U1 - U6 U-Bahn
S-Bahn
Regionalbahn
Badner Bahn
● Bahnhof
○ ⬭ Umsteigebahnhof
□ ⬭ Umsteigebahnhof und Endstation
■ Endstation

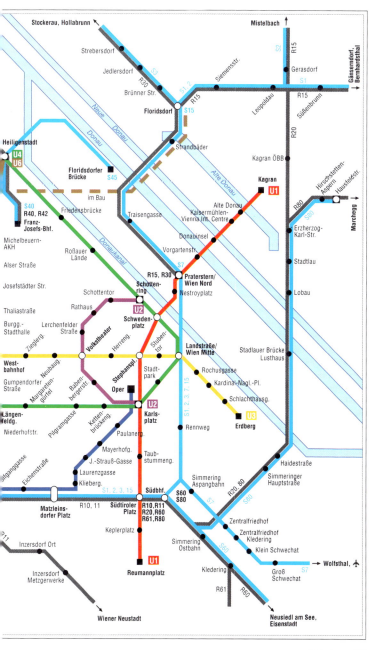

Weg 1

Das imperiale Wien

Dieser Weg macht Sie mit dem weltstädtischen Wien und den wichtigsten Kunstsammlungen bekannt. Für einen gemächlichen Spaziergang, der auch den Besuch von ein oder zwei Museen in der Hofburg umfaßt, ist ein ganzer Tag einzuplanen. Das Kunsthistorische Museum ist ein paar Extrastunden wert. Eilige kürzen ab und wählen den direkten Weg vom Heldenplatz zu den Museumszwillingen am Maria-Theresien-Platz.

Am Anfang steht ein Gebäude, das wie kein zweites – sieht man vielleicht vom Musikverein ab – dazu beigetragen hat, in aller Welt den Ruf Wiens als Musikmetropole zu festigen: die

**Staatsoper ❶. Zehn Monate lang, vom 1. September bis 30. Juni, geben sich hier die ganz großen internationalen Gesangsstars die Klinke in die Hand (Placido Domingo hat um die Ecke sogar eine Wohnung). Programm und Dirigenten wechseln fast täglich, das Hausorchester jedoch, die Wiener Philharmoniker, tut regelmäßig, Abend für Abend, seinen Dienst. Nur an zwei Tagen macht der reguläre Betrieb während der Saison Pause – im Februar, wenn die roten und goldverbrämten Logen zur Kulisse für den glanzvollen Höhepunkt des Wiener Faschings werden: den Opernball.

Das „Haus am Ring", wie die staatlich geführte Bühne auch genannt wird, ist freilich nicht nur ein Ort für erlesene Klangkultur, sondern auch einer, an dem die Wiener einem Gesellschaftsspiel, das sie perfekt beherrschen, mit besonderer Hingabe frönen – dem Raunzen und Intrigieren. Schon vor der Eröffnung im Mai 1869 – die neue K.u.k.-Hofoper war der erste fertiggestellte Monumentalbau an der Ringstraße – hatten die Zeitungen den Entwurf mit seiner Loggia, den seitlichen Arkaden und dem metallenen Tonnendach so hämisch kritisiert, daß sein verzweifelter Innenarchitekt Eduard van der Nüll in den Freitod ging. Sein für die Bautechnik verantwortlicher Kompagnon, August von Siccardsburg, nahm sich die Kritik nicht minder zu Herzen und erlag wenige Wochen später einem Infarkt. Auch so mancher Direktor – ob um die Jahrhundertwende Gustav Mahler, später Bruno Walter und Richard Strauss, oder in jüngerer Vergangenheit Herbert von Karajan, Lorin Maazel und Claudio Abbado – hatte unter der Arglist der öffentlichen Meinung zu leiden. Wobei bis heute selbst jene Wiener die Geschicke „ihrer" Oper heftig zu diskutieren pflegen, die sie nur selten oder gar nie von innen sehen. Apropos: Selbst wenn man keine der 20 (Stehplatz) bis 2500 Schilling (Kaiserloge) teuren Karten ergattert hat, sollte man nicht versäumen, die Innenräume zu besichtigen: das freskenverzierte Treppenhaus, das Schwind-Foyer mit seinen spätromantischen Gemälden, den Gobelin- und Marmorsaal und den über 2200 Personen fassenden Zuschauerraum. Führungen geben dazu im Sommer und auch während der Saison Gelegenheit (Zeiten unter ✆ 5 1 4 44-26 13).

Heftige kulturpolitische Kontroversen gab es auch um das

Denkmal gegen Krieg und Faschismus ❷, das der Bildhauer Alfred Hrdlicka 1988 hinter der Oper in Erinnerung an die Opfer des Nationalsozialismus errichtete. Der Streit ging nicht um die Notwendigkeit einer solchen Gedenkstätte – darüber war sich die Öffentlichkeit ein halbes Jahrhundert nach Hitlers Einmarsch in Österreich zum Glück einig. Vielmehr debattierte man die Ausführung. Würde das aus vier grob behauenen Granit- und Marmorblöcken sowie einer Bronze bestehende Monument seiner Aufgabe gerecht? Wie immer in Geschmacksfragen fand man zwar keinen Konsens. Doch die Betroffenheit, die man in den Gesichtern vieler vor dem Denkmal verweilenden Einheimischen und Touristen lesen kann, spricht wohl das entscheidende Urteil.

Auf Kunstwerke ganz anderer Art stößt man in jenem Gebäude, das sich schräg gegenüber auf dem Plateau über den hohen Mauern der Augustinerbastei erhebt, in der

Große Liebe und Streitobjekt der Wiener: die Staatsoper.

**Albertina ❸. Dessen Namenspatron, Herzog Albert von Sachsen-Teschen, hatte das Palais Anfang des 19. Jhs. gekauft und zu einer Gemäldegalerie umbauen lassen. Heute ist darin die größte graphische Sammlung der Welt untergebracht. Sie umfaßt Zehntausende Zeichnungen und Aquarelle sowie über eineinhalb Millionen Druckgraphiken von nahezu allen großen Künstlern zwischen Gotik und Moderne. Besonders hervorzuheben: der einzigartige Bestand an Blättern Albrecht Dürers. (◎ Mo, Di, Do 10–16, Mi 10–18, Fr 10–14, Sa, So 10–13 Uhr.)

Schön und schaurig zugleich: die Särge der Kapuzinergruft.

Kehrt man zum Hrdlicka-Denkmal zurück und folgt der Tegetthoffstraße, so steht man bald vor dem Eingang zu einer Sehenswürdigkeit, die nicht nur für nostalgische Monarchisten ihren Reiz hat. In der

**Kapuzinergruft ❹ werden seit 1633 die obersten Angehörigen des Hauses Habsburg beigesetzt. Zwölf Kaiser, 15 Kaiserinnen und an die 100 Erzherzöge ruhen hier, von Kapuzinerpatres sorgsam bewacht. Ihre Herzen freilich befinden sich größtenteils in Urnen in der Gruft der Augustinerkirche, die übrigen Eingeweide tief unter dem Stephansdom. Wandert man durch die dunklen

Barocke Opulenz in jedem Detail: die Peterskirche.

1

Gelasse, erfährt man nicht nur vieles über die Genealogie eines der bedeutendsten europäischen Herrschergeschlechter, sondern auch über den Wandel des Totenkults und der Kunststile. Im ersten und kleinsten Raum liegen Kaiser Matthias, der Begründer der Anlage, und seine Gemahlin Anna in denkbar schlichten Zinnsärgen. Maria Theresia und Franz Stephan von Lothringen hingegen sind ihrer Zeit gemäß in einem mit Basreliefs verzierten barocken Prunksarkophag (von Balthasar Moll) bestattet. Beim bislang letzten Leichenbegängnis, das hier unter der Kapuzinerkirche endete, wurde am 1. April 1989 Zita, Österreichs letzte Kaiserin, zur Ruhe gebettet (🕐 tägl. 9.30–16 Uhr).

Wieder unter den Lebenden, schnappt man frische Luft am besten bei einem Bummel durch das angrenzende *Antiquitätenviertel*, das Gebiet zwischen Kärntner und Augustinerstraße. Doch Vorsicht! Die Geldbörsen pflegen sich dabei über die Maßen rasch zu leeren. Denn oft bleibt es nicht beim bewundernden Blick in die Schaufenster. Und die alten Kostbarkeiten, die hier in mehreren Dutzend Läden neuer Besitzer harren, sind meist ebenso teuer wie verführerisch schön. Besonders bedrohlich für das Urlaubsbudget erweist sich erfahrungsgemäß ein Besuch im

*Dorotheum ❺. Dieses weltbekannte Auktionshaus, vom Volksmund liebevoll „s´ Pfandl" genannt, besteht bereits seit fast 300 Jahren. Von Joseph I. als „Versatz– und Frag–Amt" gegründet, war es für viele Notleidende vor ihrer Flucht vor Wucherern der rettende Hafen. Der heutige neobarocke Bau, um die Jahrhundertwende an der Stelle eines profanierten Klosters errichtet, hat freilich wenig mit einer ärmlichen Pfandleihanstalt gemein. In den stuckverzierten Schauräumen fühlt man sich wie in einer noblen Einkaufspassage. Mit dem Unterschied, daß dort wohl die Chance auf ein Schnäppchen ungleich geringer sein dürfte. Ob Möbel, Teppiche, Münzen, Porzellan, Bücher, Brief-

marken oder Schmuck – wofür auch immer man eine Sammlerleidenschaft hegt: Hier läßt sie sich mit Sicherheit stillen. (🕐 Mo–Fr 10–18, Sa 8.30–12 Uhr.

Von soviel schauen – und kaufen – müde? Ein stilvoller und geschichtsträchtiger Rastplatz ist das *Café Bräunerhof* (Stallburggasse 2). Hier pflegte kein geringerer als Thomas Bernhard bis zu seinem Tod über Stapel von Zeitungen gebeugt vor sich hin zu granteln und die nächste Verbalattacke gegen Wien und die Welt zu erdichten. An Wochenend-Nachmittagen gibt es live Altwiener Hausmusik. Mehlspeis-Tigern hingegen sei ein Besuch in der nahegelegenen *Kurkonditorei Oberlaa* (Neuer Markt 16) ans Herz gelegt. Dort kredenzt man nach Meinung vieler die besten Torten und Kuchen der Stadt.

Bevor Sie nun den weitläufigen Komplex der Hofburg zur Besichtigung betreten – ein Unterfangen, für das Sie sich mehrere Stunden Zeit nehmen sollten –, empfiehlt sich ein Bummel über Wiens eleganteste Einkaufsmeile, über

Kohlmarkt und **Graben**. Hier rühmen sich viele Läden auf Schildern aus Schmiedeeisen oder Email ihrer Vergangenheit als Lieferanten des kaiserlichen Hofes (prominentestes Beispiel: die K.k. Hofzuckerbäckerei Demel). Hier läßt sich noch die aristokratische Aura jener Zeit erspüren, als in diesen Gassen bestimmt wurde, was die über 50 Mio. Untertanen Österreich-Ungarns als modisch und geschmackvoll zu empfinden hatten. Freilich kann man auch interessante Eindringlinge aus der republikanischen Zeit entdecken, etwa jene zwei von Hans Hollein entworfenen Geschäftsportale (Kohlmarkt Nr. 7 und 10), die in allen internationalen Handbüchern für moderne Architektur angeführt sind. Und auch zwei betagtere Kunstdenkmäler lohnen

Höchst gefährlich für das Portemonnaie: ein Rundgang durch das Dorotheum.

1

eine nähere Betrachtung: die *Peterskirche* ❻ und die *Pestsäule*. Erstere, erbaut nach Plänen Johann Lukas von Hildebrandts und mit einem Kuppelfresko von Johann Michael Rottmayr gekrönt, ist eines der schönsten Barockjuwele der Stadt. Die Dreifaltigkeitssäule erinnert an jene verheerende Pestepidemie, die im Jahr 1679 über 100 000 Wiener dahinraffte.

Nun aber auf zur Exkursion in die ehemalige Schaltzentrale des habsburgischen Imperiums, in die

***Hofburg**. Als Startplatz bietet sich der *Michaelerplatz* an. Ein kurzer Blick noch auf die vor kurzem freigelegten *Römischen Ruinen*, ein längerer auf das *Looshaus* ❼ – jenes dreidimensionale Manifest zugunsten einer geradlinigen, ornamentlosen Architektur, für das Adolf Loos noch vor der Vollendung (1911) heftige Polemiken erntete. (Der greise Kaiser Franz Joseph soll sogar den Ausgang am Michaelerplatz gemieden haben, um dieses Zeichen der Respektlosigkeit seiner Person gegenüber, direkt angrenzend an die bombastisch-barocke Hofburg, nicht ansehen zu müssen.) Dann eröffnet sich nach wenigen Metern in der Reitschulgasse der Blick in den von dreistöckigen Laubengängen gesäumten Hof der *Stallburg* ❽, einem der ganz raren stilistisch lupenreinen Renaissancebauwerke Wiens. Es wurde von Ferdinand I. für seinen Sohn Maximilian II. erbaut und beherbergt seit langem die Stallungen für die berühmten Lipizzaner.

Ein paar Schritte weiter nur, und Sie sind am

Josefsplatz. Hier heißt es tief durchatmen. Denn ein so harmonisches, ja makelloses barockes Ensemble sieht man nicht alle Tage. Auch hinter den strahlend weißen Fassaden ist manches zu entdecken: Das recht schmucklose Tor an der Südostseite des Platzes gehört zur *Augustinerkirche*, in der nicht nur die Herzen der Habsburger aufbewahrt werden, sondern auch ihre Hochzeiten stattfanden. Das pyramidenförmige Grabmal entwarf der italienische Klassizist Antonio Canova für Erzherzogin Marie Christine. Die Längsfront des Platzes bildet der *Prunksaal der **Nationalbibliothek* (Eingang in der Ecke rechts vom Kirchenportal). Er wurde von Johann Bernhard Fischer von Erlach geplant und 1735 von dessen Sohn Joseph Emanuel fertiggestellt, und genießt das Prädikat „schönster Bibliotheksraum der Welt".

Der Durchgang in der Ecke vis-à-vis führt zur ursprünglich gotischen *Burgkapelle*, in der an Sonn- und kirchlichen Feiertagen – außer im Sommer – die Wiener Sängerknaben morgens die Messe singen (s. S. 74). An der Nordwestseite des Josefsplatzes befindet sich der Eingang zur **Winterreitschule*, in der die legendären Lipizzaner ihre hohe Kunst zeigen.

Zurück auf dem Michaelerplatz führt unter der prachtvollen Kuppel des Michaelertraktes links eine Treppe in die sogenannten **Kaiserappartements*, die öffentlich zugänglichen Arbeitsräume und Privatgemächer Kaiser Franz Josephs und Elisabeths (🕐 Mo–Sa 8.30–12, 12.30–16, So, Fei 8.30–12.30 Uhr). Rechts geht es zur *Hoftafel- und Silberkammer*, deren Exponate – Gläser, Geschirr, Goldarbeiten, Fayencen und ein Prunkservice für 140 Personen – eine Vorstellung vom Repräsentationsbedürfnis des Kaiserhauses geben (🕐 w. o.). Durch den *Inneren Burghof* und links durch das wappenverzierte Renaissancetor gelangt man in den *Schweizerhof*, den ältesten, bereits 1279 urkundlich erwähnten Teil des riesigen Komplexes. Von hier betritt man die ***Schatzkammer*, eine einzigartige, unschätzbare Sammlung von weltlichen und geistlichen Pretiosen. Neben vielerlei Reliquiaren, Ornaten und Meßgeräten enthält sie die Reichsinsignien des Heiligen Römischen Reiches Deutscher Nation (Prunkstück: die alte Reichskrone aus dem 10. Jh.) und des österreichischen Kaiserreichs sowie die Schätze der Burgunder und des Ordens vom Goldenen Vlies. (🕐 Mi–Mo 10–18, Do bis 21 Uhr.)

Entstanden die bisher genannten Trakte nach und nach zwischen dem 13. und frühen 19. Jh., so wurde die *Neue Burg* erst 1871–1913 erbaut, als erster Teil eines gewaltigen Kaiserforums: Ein spiegelgleicher Flügel sollte den Heldenplatz zum Volksgarten abschließen; Triumphbögen über die Ringstraße waren als Verbindung zum Natur- und Kunsthistorischen Museum geplant. Doch der Erste Weltkrieg ließ die Vorarbeiten der Architekten zu Makulatur werden.

Die Reichskrone saß schon auf dem Haupt Ottos des Großen.

In der halbbogenförmigen Neuen Burg befinden sich heute mehrere hochinteressante Museen, unter anderem jenes für *Völkerkunde* mit der legendären Federkrone des Aztekenherrschers Montezuma und das *Ephesos-Museum* mit archäologischen Funden aus der seit Generationen von Österreichern betriebenen Grabungsstätte in Kleinasien.

Zuwenig Zeit? Dann genießen Sie wenigstens das prachtvolle Panorama, das sich vom Haupteingang der Neuen Burg bietet. Es reicht über den Heldenplatz mit seinen zwei bronzenen Reiterstandbildern (Erzherzog Karl und Prinz Eugen von Savoyen) über die Silhouetten von Rathaus, Burgtheater und Parlament in die Ferne bis zum Kahlen- und Leopoldsberg.

Klassische Figuren in Vollendung zeigen die Lipizzaner.

Capriole, Levade, Courbette

Im Rahmen eines Wienaufenthalts ist der Besuch der Spanischen Hofreitschule so unverzichtbar wie der beim Heurigen und im Stephansdom, denn dies ist einer der wenigen Orte der Welt, an denen die klassische Reitkunst noch hochgehalten wird. Es gibt mehrere Möglichkeiten, das weiße Ballett der Lipizzaner zu beobachten. Für die regulären Vorführungen (So, manchmal auch Mi und Sa) empfiehlt es sich, Eintrittskarten Monate im voraus bei der Spanischen Reitschule, Hofburg, A-1010 Wien, schriftlich zu bestellen. Die sehr viel preiswerteren Tickets für die Morgenarbeit (Di–Fr 10–12 Uhr; Achtung: häufige Schließtage!) sind am selben Tag direkt vor Beginn beim Eingang Josefsplatz (Tor 2) erhältlich. Frühzeitig anstellen! Alle genauen, sehr unregelmäßigen Termine enthält die Broschüre „Spanische Reitschule", erhältlich bei der Österreich-Werbung und der Tourist-Information (s. S. 93).

❶ Staatsoper
❷ Denkmal gegen Krieg und Faschismus
❸ Albertina
❹ Kapuzinergruft
❺ Dorotheum
❻ Peterskirche
❼ Looshaus
❽ Stallburg
❾ Burgtheater
❿ Spittelberg
⓫ Stephansdom

⑫ Dom- und Diözesan-
museum

⑬ Schatzkammer
des Deutschen
Ordens

⑭ Jesuitenkirche

⑮ Museum für angewandte
Kunst

⑯ Postsparkassenamt

⑰ Ruprechtskirche

⑱ Maria am Gestade

⑲ Schottenstift

1

Die Habsburger

So ganz sicher sind sich die Historiker nicht, aber aller Wahrscheinlichkeit nach begann die fast 1000jährige Geschichte dieser großen Dynastie im Aargau in der heutigen Schweiz. Dort soll einer ihrer Urahnen um 1040 den ersten Stammsitz errichtet haben – die Habichtsburg. Die Geschicke der östlichen Alpenländer begann das Adelsgeschlecht allerdings erst gegen Ende des 13. Jhs. zu bestimmen: Rudolf I. schlug als deutscher König seinen böhmischen Rivalen Ottokar II. Premysl in der Schlacht auf dem Marchfeld und gewann damit die Herzogtümer Österreich und Steiermark. Seine Nachfolger erwarben wenig später wichtige Gebiete wie Kärnten, die Krain oder Tirol. Doch den Aufstieg zur wahren Weltmacht leiteten erst Friedrich III. und vor allem dessen Sohn Maximilian I. ein. Sie fügten ihrem Reich durch eine überaus geschickte Erb- und Heiratspolitik nach und nach große Teile Burgunds und Spaniens sowie Neapel, Sizilien, Böhmen und Ungarn hinzu.

Karl V. bemerkt stolz, daß in seinem Reich die Sonne niemals untergehe, weil es auch Kolonien in Amerika umfasse. Die österreichischen Erblande tritt er an seinen Bruder Ferdinand ab und bewirkt damit die Entstehung einer spanischen und einer österreichischen Linie. Auf letztere warten schwierige Zeiten: Aus dem Osten kommen die Türken und besetzen einen Großteil Ungarns. Aus dem Nordwesten dringt in das streng katholische Land Martin Luthers Gedankengut ein, an dem sich der Dreißigjährige Krieg entzündet. Zudem wüten immer wieder entsetzliche Pestepidemien. Erst als 1683 die Türken vor Wien endgültig in die Flucht geschlagen sind, erlebt das Reich unter Leopold I. und Karl VI. eine neue goldene Ära: den Barock. 1713 erläßt Karl in Ermangelung männlicher Nachkommen die sogenannte Pragma-tische Sanktion und ermöglicht damit seiner Tochter Maria Theresia die Nachfolge. Die neue Kaiserin verteidigt ihr Erbe gegen die Ansprüche des Preußenkönigs und anderer Feinde. Durch ihre Hochzeit mit Franz Stephan entsteht das Haus Habsburg-Lothringen. Das Herrscherpaar startet ein umfassendes Reformwerk, das ihr Sohn Joseph mit gesteigerter Radikalität fortführt. Als 1790 Leopold II. die Regentschaft antritt, ist die Leibeigenschaft abgeschafft, die allgemeine Schulpflicht eingeführt und die Religionsfreiheit gesetzlich verankert, sind Staat und Kirche weitgehend getrennt.

1806 beendet Franz II. das 1000jährige Heilige Römische Reich Deutscher Nation, indem er unter dem Druck Napoleons die Kaiserkrone niederlegt. Zwei Jahre zuvor hat er das österreichische Kaisertum begründet. Nach innen regiert er mit eiserner Faust, die sozialen Spannungen wachsen. Schließlich entladen sie sich in der Revolution von 1848. Ferdinand muß zugunsten seines Neffen Franz Joseph abdanken. Was folgt, ist eine der längsten, turbulentesten und tragischsten Regentschaften der Geschichte. Schon ihr Beginn ist blutig: Von seiner Mutter und seinen Beratern dazu gedrängt, schlägt der erst 18jährige den Aufstand nieder. 66 Jahre später löst er mit seinem Ultimatum gegenüber Serbien den Ersten Weltkrieg aus. Dazwischen muß er den Selbstmord seines einzigen Sohnes (1889), die Ermordung seines Bruders Maximilian (1867), seiner Frau Elisabeth (1898) und seines potentiellen Nachfolgers, Erzherzog Franz Ferdinands (1914), erleben. Nach seinem Tod 1916 hat für zwei Jahre noch sein Großneffe Karl den Thron inne. Dann hebt die Republik Österreich die Herrscherrechte der Habsburger per Gesetz auf – das Ende der Macht einer der großen europäischen Dynastien.

Entlang dem blaßgrün getünchten *Leopoldinischen Trakt* der Burg, in dem seit der Ausrufung der Republik Österreichs Bundespräsident mit seiner Kanzlei logiert, führt der Weg in den *Volksgarten*. Ein Bummel durch die gepflegte Grünoase empfiehlt sich nicht nur wegen des um 1822 erbauten Theseustempels und des Denkmals für Kaiserin Elisabeth, sondern auch wegen des prächtigen Rosengartens. Unmittelbar dahinter erhebt sich die traditionsreichste deutschsprachige Sprechbühne, das

* **Burgtheater ➒**. Es entstand als einer der letzten großen Ringstraßenbauten in den Jahren 1874–1888 unter der Regie von Karl Hasenauer und Gottfried Semper. Sein Inneres ist, wie es sich für ein ehemaliges Kaiserliches Hoftheater gehört, in Logen, hierarchisch abgestufte Ränge und eine Guckkastenbühne gegliedert. Die Treppenhäuser und Pausenräume sind mit Fresken (u. a. von Gustav Klimt) und Büsten geschmückt. „Die Burg", wie Wiens Bürger den Bau respektvoll titulieren, war stets nicht nur ein Theater, sondern ein beinahe geheiligter Ort, an dem wahre Glaubenskriege um die Kunst ausgefochten wurden. Denn das örtliche Publikum pflegt am Aufgebot an Starinterpreten häufig mehr interessiert zu sein als am Inhalt des Stücks. Die älteren Semester unter den Abonnenten erinnern sich mit Wehmut an jene „Goldene Ära" der zwanziger und dreißiger Jahre, als noch Alexander Moissi, Helene Thimig und Paula Wessely ihren Schiller, Grillparzer und Nestroy in Szene setzten. Jüngere amüsieren sich über die kulturpolitischen Kontroversen, die Claus Peymann, seit 1986 Direktor der „Burg", regelmäßig hervorruft. Und sie stürmen die Kassen, wenn wieder einmal eine spektakuläre Shakespeare- oder Bernhard-Premiere mit Kirsten Dene, Gert Voss oder Martin Schwab naht.

Vis-à-vis steht das administrative Herz der Stadt, das 1872–1883 erbaute neogotische

Einer der schönsten Plätze Wiens ist der Josefsplatz.

Eingang zur bombastischen Hofburg am Michaelerplatz.

Blick auf das legendäre Burgtheater vom Volksgarten.

1

*Neue Rathaus**. Sein durchaus sehenswertes Inneres – der Arkadenhof, die Feststiege und der kolossale Festsaal – kann im Rahmen von Führungen (Mo–Fr 13 Uhr) besichtigt werden. Der „Rathausmann" hingegen, jene kupferne Statue, die den 98 m hohen Turm bekrönt, hält seine Bewunderer deutlich auf Distanz. Auf dem Platz zu Füßen der mit filigranen Loggien, Balkonen und Spitzbogenfenstern verzierten Hauptfassade endet alljährlich am 1. Mai der traditionsreiche Fackelzug der einst Sozialistischen, heute Sozialdemokratischen Partei. Und seit kurzem flimmern an Sommerabenden bei Schönwetter Opern- und Konzertfilme über eine Großleinwand (freier Eintritt; aktuelle Programme in den Tageszeitungen) – häufig sind die Kommentare der Einheimischen ebenso unterhaltsam wie das Kinoereignis selbst. Der *Rathauspark* ist durchsetzt von unzähligen Denkmälern. Gedacht wird unter anderem der Melodiekaiser Josef Lanner und Johann Strauß Vater, des Biedermeiermalers Ferdinand Georg Waldmüller sowie der Grafen Niklas Salm und Ernst Rüdiger Starhemberg, die Wien während der beiden Türkenbelagerungen verteidigten.

Wie eine Reverenz an die Ideale der Architektur und wohl auch die Staatskunde der Hellenen wirkt das

*Parlament**. 1873–1883 nach Plänen von Theophil Hansen erbaut, bot es in den letzten Jahrzehnten der Monarchie beiden Kammern des damaligen Reichstags, dem Abgeordneten- und dem Herrenhaus, eine Heimat. Heute tagen hier National- und Bundesrat. Der Bau mit seiner streng gegliederten, zweigeschossigen Frontfassade, seinem Portikus und der edel geschwungenen Rampe ist ein Paradebeispiel für den Historismus und das gelungenste Werk der Ringstraßenzeit. Auch seine Innenräume sind zu besichtigen – an Tagen, an denen Österreichs oberste Politiker nicht debattieren (Führungen Mo–Fr 11, 15, Mitte Juli–Aug. 9, 10, 11, 13, 14, 15 Uhr).

Schon müde? Es warten noch zwei Höhepunkte dieses Rundgangs: die Museumszwillinge am Maria-Theresien-Platz. Beide Häuser wurden von Karl von Hasenauer (Innenarchitektur) und Gottfried Semper (Fassaden) in Anlehnung an die italienische Renaissance entworfen. Weit bedeutender sind aber ihre Sammlungen: Das

***Kunsthistorische Museum** enthält unzählige Kostbarkeiten, die das Haus Habsburg über Jahrhunderte zusammengetragen hat. Hauptanziehungspunkt ist die Gemäldegalerie im Ersten Stock. Die weltweit viertgrößte ihrer Art bietet einen Querschnitt durch die Geschichte der europäischen Malerei. Vertreten sind unter anderem Rubens, Rembrandt, Breughel d. Ä., Dürer, Raffael, Tizian, Veronese und Bosch.

Angesichts solch hochkarätiger Exponate sollte man freilich die Dekoration von Treppenhaus und Kuppelsaal nicht übersehen: Die Bilder an den Decken, in den Zwickeln und Lünetten stammen von Hans Makart, Franz Matsch sowie Ernst und Gustav Klimt, der Theseus aus Marmor von Antonio Canova. (© tägl. außer Mo 10–18, Do bis 21 Uhr.) – Das gegenüberliegende

*Naturhistorische Museum** ist kein so starker Besuchermagnet. Dabei präsentiert es doch in einer etwas antiquierten Art eine der bedeutendsten einschlägigen Sammlungen Europas. Zu ihren Schätzen zählt die kleine Kalksteinfigur der „Venus von Willendorf", mit 20 000 Jahren der zweitälteste Fund menschlicher Kultur in Österreich. (© tägl. außer Di 9–18 Uhr, im Winter erster Stock nur bis 15 Uhr.)

Zuletzt noch eine kleine Zeitreise ins malerische Biedermeier. In den engen Gassen des *Spittelbergs* ❿, eines mustergültig revitalisierten und zur Fußgängerzone erklärten Vorstadtviertels, versprechen gemütliche Beisln mit „Schanigärten" einen kulinarischen Ausklang: bei herzhafter, typisch wienerischer Hausmannskost wie Nudelsuppe, Beuschel oder Palatschinken.

Weg 2

Das mittelalterliche Wien

Der folgende Spaziergang führt in das malerische Gassenlabyrinth des historischen Stadtkerns, zu seinen römischen Fundamenten, den ältesten Kirchen und dem Platz, an dem einst die Residenz der Babenbergerherzöge stand. Flotte Marschierer können diesen Weg in drei bis vier Stunden absolvieren. Wer eine ausführliche Besichtigung des Stephansdoms sowie eine längere Mittags- oder Kaffeepause einplant, sollte mit einem ganzen Tag rechnen.

Eine der reichsten Gemälde-sammlungen der Welt …

Ein Wunderwerk der Steinmetzkunst aus 20000 m^3 Sandstein, 108 m lang und 39 m hoch, die Spitze des Südturms erreicht gar 137 m – gleich am Anfang des Rundgangs steht der Höhepunkt der Wiener Gotik und das geliebte Wahrzeichen der Stadt, der

***Stephansdom ⓫**. Seine Baugeschichte beginnt im frühen 12. Jahrhundert, als man für die neuen Herren, die Babenberger Markgrafen, eine romanische Basilika schuf. Doch das dem hl. Stephan geweihte Haus fiel zwei Bränden zum Opfer. An seiner Stelle baute man um 1260 unter König Ottokar II. von Böhmen über demselben Grundriß eine neue, ebenfalls romanische Pfarrkirche. Ihre Reste, das Riesentor und die zwei Heidentürme, bilden bis heute die Westfassade des Doms.

… enthält das Kunsthistorische Museum.

Schon eine Generation später begann man im Auftrag Herzog Albrechts II. mit dem gotischen Neubau. Nacheinander entstanden der Hallenchor, das Langhaus und der Südturm. Als jedoch Anfang

Biedermeierliches Viertel mit Charme: der Spittelberg.

2

des 16. Jhs. den Wienern ein Angriff der Türken drohte, steckten sie ihr Geld statt in den Dom lieber in Befestigungsanlagen und stellten den Bau des Nordturms ein. Erst 1579 erhielt er seinen heutigen Helm im Renaissancestil. Sieht man von den eher harmlosen Beschießungen durch die Türken (1683) und die napoleonischen Truppen (1809) ab, blieb der „Steffl", wie die Wiener ihre Dom- und Metropolitankirche liebevoll nennen, jahrhundertelang unversehrt. Verheerende Schäden erlitt er erst im April 1945, als er während der letzten Kriegskämpfe in Brand geriet. Damals wurden der gewaltige hölzerne Dachstuhl, das Chorgestühl, die Barockorgel, die alten Glocken und ein Großteil der gotischen Fenster ein Raub der Flammen. Den raschen Wiederaufbau des Doms empfanden die Menschen in ganz Österreich – nach Austrofaschismus und Hitler-Diktatur – als Symbol für die Verbundenheit mit dem geistigen Erbe des Landes.

Den Rundgang entlang der Außenfassade beginnt man am besten an der Hauptfront, zu Füßen der Heidentürme. Zur Linken des spätromanischen Portals kann man noch in der Mauerwerk verankerten sogenannten „Wiener Maße" sehen, einen Brotlaib und ein Längenmaß aus Eisen, mit deren Hilfe früher wohl mancher betrügerische Geschäftsmann entlarvt wurde, der es mit dem Messen nicht so genau nahm. Zur Rechten erinnert das Kürzel „O5" an traurige Zeiten: Es diente den Widerstandskämpfern während der siebenjährigen Besatzung durch das Dritte Reich als Geheimcode: „O" plus der fünfte Buchstabe im Alphabet, das „E", ergibt „Ö" für Österreich, das ja nach dem Zwangsanschluß an Deutschland Ostmark hieß.

Umwandert man den Dom im Uhrzeigersinn, kommt man zuerst am *Bischofstor* vorbei, durch das in vergangenen Tagen die weiblichen Besucher das Innere betraten. (Sein „männliches" Gegenstück bildet an der Südseite das *Singertor.*) Unmittelbar daneben steht

die *Dombauhütte,* in der mehr als ein Dutzend ganzjährig beschäftigte Restauratoren ihre Büros und Werkstätten haben. Es folgt der *Nordturm,* dessen knapp 60 m hohe Aussichtsplattform vom Dominnern bequem per Lift erreichbar ist. Die Sorge, daß die berühmte „Pummerin" dort oben das Trommelfell erschüttert, ist übrigens unbegründet. Die über 20 t schwere Glocke erklingt ausschließlich zu festlichen Anlässen, etwa zum Jahreswechsel.

An der Nordostecke ragt die sogenannte *Kapistrankanzel* aus der Fassade. Von ihr appellierte im Jahr 1451 der italienische Franziskaner Capistranus leidenschaftlich an die Wiener, in den Kreuzzug gegen die Osmanen zu ziehen. Auf der anderen Seite des Chores erhebt sich der im Unterschied zu seinem nördlichen Gegenstück vollendete *Südturm.* Wenn Sie über die nötige Kondition verfügen, sollten Sie unbedingt die 343 Stufen zur Türmerstube emporsteigen, denn von dort oben schaut man nicht nur der Innenstadt genußvoll ins Dekolleté und dem Dom auf sein mit 250 000 farbigen Glasurziegeln gedecktes Dach; man bekommt auch einen hautnahen Eindruck von der ungeheuren Feinheit der Ziselierarbeiten an der Fassade und den leider rapide zunehmenden, durch sauren Regen verursachten Schäden (◷ Turmbesteigung tägl. 9–17.30 Uhr).

Noch mehr Attraktionen als an seiner Außenhaut hält der Dom unter dem hohen Netzrippengewölbe seines Innenraums bereit (◷ tgl. 6–22 Uhr). Nahe dem Haupteingang in das dreischiffige Langhaus steht am Fuß einer Säule die berühmte Kanzel (um 1514). Sie zeigt außer den Büsten von vier wenig schmeichelhaft gezeichneten Kirchenfürsten an ihrem Sockel auch das vom Volksmund „Fenstergucker" genannte Selbstporträt des Dombaumeisters Anton Pilgram. Hübsche Sagen ranken sich um die 650 Jahre alte Dienstbotenmadonna und die Pötscher Madonna: Erstere soll ein zu Unrecht des

Diebstahls verdächtigtes Dienstmädchen gerettet haben, von dem sie um Hilfe angefleht wurde, letztere weinte während der Schlacht Prinz Eugens gegen die Türken echte Tränen. Weitere Höhepunkte der Ausstattung sind in der Mitte der Nordwand der ebenfalls von Meister Pilgram geschaffene Orgelfuß – wieder mit einem Porträt –, der mit Heiligengestalten übersäte Wiener Neustädter Altar in der linken sowie das unglaublich filigran verzierte marmorne Hochgrab Friedrichs III. in der rechten Seitenkapelle.

Unter dem Nordturm führt eine Treppe in die Katakomben hinab. Hier unten liegen nicht nur die Skelette tausender Wiener, die im Zuge der Auflösung des St.-Stephansfriedhofs exhumiert wurden, sondern auch die Urnen mit den Eingeweiden jener Habsburger, die in der Kapuzinergruft bestattet liegen (Führungen tgl. 10, 11, 11.30, 14, 14.30, 15.30, 16, 16.30 Uhr). Mehr als alle Details und Einzelkunstwerke verzaubert aber die unvergleichliche Aura des Gebäudes. Der Architekt Adolf Loos, wahrhaft kein Mystiker, hat das Innere des Stephansdoms den „weihevollsten Kirchenraum der Welt" genannt. Die Düsternis und majestätische Höhe verströmen eine tief spirituelle Atmosphäre, die auch durch die täglichen Besuchermassen nur wenig gestört wird.

Ergänzend zur Dombesichtigung sollte man auch dem

Die Pilgramkanzel.

Dom- und Diözesanmuseum ⑫ einen Besuch abstatten. Es ist im Erzbischöflichen Palais (Eingang im Hof des Hauses Stephansplatz Nr. 6) untergebracht und bietet anhand zahlloser Plastiken, Tafelbilder, Reliquiare und liturgischer Geräte einen Überblick über die Sakralkunst vom Mittelalter bis ins vorige Jahrhundert. Das Bildnis Herzog Rudolfs IV., des Stifters, gilt als das erste nördlich der Alpen gemalte Porträt. (🕐 Di, Mi, Fr, Sa 10–16, Do 10–18, So, Fei 10–13 Uhr.)

Bevor man nun das enge Gassengeflecht hinter dem Dom betritt, möchte

Echt wienerisch speisen

können Sie im wahrscheinlich ältesten Restaurant der Stadt, dem um 1490 eröffneten **Griechenbeisl,** auf dessen Gewölbe sich von Mozart und Beethoven bis Einstein prominente Gäste mit ihrer Unterschrift verewigt haben (Fleischmarkt 11; 🕐 tgl. 11.30–1 Uhr; ☎ 53 31 941; Ⓢ⟩⟩⟩), und im **Figlmüller,** einem schon legendären Miniatur-Heurigen mit den größten Schnitzeln der Stadt (Wollzeile 5; 🕐 tgl. 11–22 Uhr; ☎ 5 12 61 77; Ⓢ⟩).

man noch etwas über das *Haas-Haus* erfahren, in dessen ultramoderner Glasfassade sich der „Steffl" spiegelt. Der postmoderne Konsumtempel wurde Ende der 80er Jahre von Hans Hollein anstelle eines 1945 abgebrannten Stadtpalais und dessen hastig errichteten, unscheinbaren Nachfolgers entworfen. Der Stararchitekt sorgte bei den auf Tradition bedachten Landsleuten anfangs für beträchtlichen Unmut, der sich freilich ein wenig legte, als sie merkten, daß das Café und das Restaurant im 6. und 7. Stock nicht nur kulinarische Köstlichkeiten, sondern auch einen unvergleichlichen Panoramablick offerieren.

Noch eine Station für Kunstbeflissene: die * *Schatzkammer des Deutschen Ordens* ⓭, einer Vereinigung Adeliger, die ursprünglich in Ostpreußen aktiv war, ihren Sitz jedoch nach Wien verlegte, als sie von Napoleon verboten wurde. Zu sehen gibt es unter anderem die Ordensinsignien, Tafelgerät, Gläser, Kelche, wertvolle Waffen und als Kuriosität eine höchst praktische „Natternzungen-Kredenz", die zum Entgiften vergifteter Speisen diente (Ⓞ Mo, Do, Fr, Sa, So 10–12, Mi, Fr, Sa 15–17 Uhr, Nov.–April Mo, Do, Sa 10–12, Mi, Sa 15–17 Uhr).

In dem benachbarten, ungefähr von Fleischmarkt, Post-, Riemer- und Himmelpfortgasse sowie Kärntner und Rotenturmstraße umgrenzten Viertel können Sie ein Weilchen ziellos umherwandern und die verträumte Atmosphäre auf sich wirken lassen. Pferdefuhrwerke rumpelten hier einst mit Getöse über das Kopfsteinpflaster, Wäschermädel in bauschigen Röcken sahen verstohlen feschen Offizieren in glitzernden Uniformen nach, „Haderlumpweiber" (Hausiererinnen) und „Beindelstierer" (Knochensammler) gingen ihren Geschäften nach, und in schummrigen Winkeln und Passagen warteten leichte Mädchen auf Kavaliere, die selten welche waren. Bis zu einem gewissen Grad hat dieses mittelalterliche Stadtherz das alte Flair in

den 70er und 80er Jahren zurückerhalten, als die historische Bausubstanz sorgfältig und flächendeckend instandgesetzt wurde. Schritt für Schritt renovierte man meterdicke Mauern, verschnörkelte Fassaden und verschwiegene Innenhöfe mit ihren Durchhäusern, die die Verbindung zur Außenwelt herstellten. Auch die „Pawlatschen", begehbare lange Holzbalkone, blieben erhalten. Plötzlich zogen wieder Geschäfte und Lokale ein, und neues Leben regte sich in den im Nu begehrten Wohnungen. Besonders malerische Flecken sind der *Franziskanerplatz* mit der gleichnamigen, im Renaissancestil erbauten Kirche, und der in seinem Kern aus dem 12. Jh. stammende *Heiligenkreuzer Hof*.

Welch verschlungenem Weg auch immer man in diesem Viertel folgt, irgendwann sollte er einen vor die

* **Jesuitenkirche** ⓮ auf dem Dr.-Ignaz-Seipel-Platz führen, und zwar sowohl wegen ihrer – abends höchst wirkungsvoll von Scheinwerfern bestrahlten – frühbarocken Fassade, als auch wegen der spektakulären, von Andrea Pozzo 1705 geschaffenen illusionistischen Deckenmalerei. Schräg gegenüber steht die

* **Akademie der Wissenschaften**. Mitte des 18. Jhs. als Aula der benachbarten Alten Universität errichtet, gilt sie insbesondere wegen der reichen Marmor- und Stuckdekorationen sowie der Deckenfresken in ihrem Festsaal als wichtigster im Stil des Rokoko ausgestalteter Monumentalbau Wiens.

Ein Abstecher aus dem mittelalterlichen Winkelwerk hinaus auf den östlichsten Abschnitt der Ringstraße, den Stubenring, endet bei zwei Juwelen der jüngeren Kunstgeschichte. Das

* **Museum für angewandte Kunst** ⓯ war bei seiner Eröffnung 1871 der Pionier unter den Kunstgewerbemuseen

Moderner Blickfang und Spiegel des Stephansdoms: das Haas-Haus.

Kontinentaleuropas und hatte in der Folge größten Einfluß auf das ästhetische Bewußtsein und die industrielle Entwicklung in der gesamten österreichisch-ungarischen Monarchie.

Seine vorzügliche Sammlung (Ⓢ tgl. außer Mo 10–18, Do bis 21 Uhr) umfaßt die Gebiete Glas, Keramik, Metall, Möbel, Porzellan, Textilien, Orientteppiche und Ostasiatika und wird regelmäßig von hochkarätigen Sonderausstellungen ergänzt. Der rötliche Ziegelbau mit seinem quadratischen, glasgedeckten Innenhof stammt von Heinrich von Ferstel. Seine Fassade trägt als Verzierung unter anderem Medaillons aus Majolika und Sgraffiti. – Das

** **Postsparkassenamt** ⓰ auf dem Georg-Coch-Platz ist eines der Meisterwerke Otto Wagners (s. S. 19). Seine großzügigen Raumlösungen – allen voran der Kassensaal – waren zur Zeit der Entstehung (1904–1912) ebenso wegweisend wie die Verwendung neuartiger Materialien, etwa die Glasbausteine oder die Aluminiumbolzen, mit denen die Marmorplatten innen und außen vernietet sind.

Zurück ins schmucklose, nüchterne Mittelalter: durch die Schönlaterngasse, über den Heiligenkreuzer Hof und den Fleischmarkt in den Stadtkern, zum ältesten bestehenden Gotteshaus Wiens, zur

Das trendige Dreieck

Es geschah gegen Ende der 70er Jahre und gänzlich unerwartet: Über 30 Nachkriegsjahre lang war der erste Bezirk im Dornröschenschlaf gelegen – grau, freudlos und nach Büroschluß menschenleer. Die Zahl der registrierten gastronomischen Betriebe hatte gerade wieder einen neuen Tiefststand erreicht, da gründeten einige vife Wirte in den düsteren mittelalterlichen Gäßchen rund um die Ruprechtskirche eine Handvoll neuer Lokale. Die im Entstehen begriffene Freizeitgesellschaft verlangte, so hatten sie intuitiv erfaßt, nach Treffpunkten, an denen sich die Freizeit auch adäquat verbringen ließ – bei gutem Essen und Trinken in einer die Kommunikation fördernden, unverwechselbaren Atmosphäre.

Krah-Krah, Roter Engel, Salzamt und Ma Pitom – so hießen die (bis heute florierenden) Pionierlokale zwischen Rabensteig, Juden- und Seitenstettengasse. Ihr Konzept war, im nachhinein betrachtet, gar nicht rasend originell. Man betraute namhafte Architekten mit der Innengestaltung (für das sachlich-kühle Salzamt etwa Hermann Czech, für die Liederbar Roter Engel das

international geschätzte Duo Coop Himmelblau) und kombinierte auf der Speisekarte Großmutters Hausrezepte mit der soeben in Mode gekommenen Nouvelle Cuisine. Im Nu gaben sich Medien- und Werbeleute die Klinke in die Hand. Andere Prominente und die Bohemiens folgten, und in deren Schatten die Adabeis. Gemeinsam tauften sie das „Krätzel" (Gebiet), das binnen kurzem gut zwei Dutzend In-Treffs umfaßte, auf den publicityträchtigen Namen „Bermuda-Dreieck", wohl weil immer mehr Nachtschwärmer darin spurlos verschwanden, erst nach Tagen wieder auftauchten und sich oft an rein gar nichts erinnerten.

Mittlerweile hat das Beisl-Wunder auch das Bild verändert, das das Ausland von Wien hat. Aus der gähnend langweiligen Hauptstadt der Tristesse wurde eine junge, quicklebendige Metropole. Die Szene mit ihren Lokalen hat sich über die ganze Innenstadt und weit darüber hinaus ausgebreitet, etwa auf den Spittelberg oder in die Florianigasse. Und nach den ehemals stillen Winkeln muß man inzwischen selbst in tiefster Nacht lange suchen.

2

Ruprechtskirche ⏺. Das kleine, denkbar schlichte Gotteshaus steht auf einer Anhöhe über dem Donaukanal, von der bereits im Mittelalter eine Stiege hinab zur stark frequentierten Anlegestelle für die Salzschiffe führte. Gegründet soll es bereits um 740 worden sein. Nachdem das Römerkastell zerstört worden war, bildete es das Zentrum der Reststadt. Tatsächlich hat man festgestellt, daß die Fundamente aus römischem Baumaterial bestehen. Die erste urkundliche Erwähnung stammt allerdings erst aus dem Jahr 1161. Höhepunkte des recht kargen Inneren sind die Glasmalereien aus dem 13. Jh. – die ältesten in der Stadt – und eine „Schwarze Madonna", von der die Wiener einst während Seuchen und Türkeneinfällen Hilfe erflehten (🕐 Mo bis Fr 10–13 Uhr).

Daß die Gegend rund um die Ruprechtskirche auch zu einem Zentrum des Jüdischen Lebens wurde, geht auf Ferdinand II. zurück. Der in religiösen Fragen ansonsten alles andere als liberale Regent gestattete den Juden 1622, hier ihre Bethäuser zu errichten; jenseits des Donaukanals, im „Unteren Werd" (heutiger Bezirk Leopoldstadt), durften sie sich seit 1620 ansiedeln. Der heutige

Stadttempel der Israelitischen Kultusgemeinde in der Seitenstettengasse stammt allerdings erst aus dem Biedermeier. Daß er als einzige der vormals 24 Wiener Synagogen in der Reichskristallnacht im November 1938 von den brandschatzenden Nazihorden verschont blieb, ist indirekt Kaiser Joseph II. zu verdanken. Dieser hatte 1781 in seinem berühmten Toleranzpatent zwar allen nicht-katholischen Konfessionen das Recht auf freie Religionsausübung gewährt, jedoch verboten, daß ihre Gebetshäuser von außen als solche erkennbar waren. Folglich wurde die Synagoge zur Straße hin mit einem ganz gewöhnlicher Profanbau kaschiert und in einen engen Hinterhof gepfercht. Ob sich freilich Josef Kornhäusel, ihr Erbauer und Wiens einziger

Im Inneren der frühbarocken Jesuitenkirche.

Beisl mit Schanigarten im „Bermuda-Dreieck".

Wiens ältestes Gotteshaus: die schlichte Ruprechtskirche.

klassizistischer Architekt von Rang, jemals hätte träumen lassen, daß sein Werk einmal inmitten eines lärmenden Restaurant- und Beislviertels stehen und von schwer bewaffneten Anti-Terror-Polizisten bewacht werden würde?

Die schmale, von zahlreichen teils recht schrägen Modeboutiquen gesäumte Judengasse endet am ältesten Platz Wiens, dem

Hohen Markt. Hier, wo im Mittelalter Narrenkotter (Verlies), Pranger und die Schranne, das städtische Gerichtsgebäude, standen, wo sich außerdem ein Fischmarkt befand und ab dem 16. Jh. Wiens erste Wasserleitung endete, können Sie der Stadtgeschichte im wahrsten Sinne des Wortes auf den Grund gehen. Denn unter seinem Pflaster förderten Archäologen Ruinen des Römerlagers Vindobona zu Tage, unter anderem die Fundamente jenes Gouverneurspalasts, in dem Kaiser Marc Aurel längere Zeit wohnte (Zugang über Haus Nr. 3; ◷ tgl. außer Mo 9–12.15 und 13–16.30 Uhr).

Weitaus jüngeren Datums sind zwei andere Attraktionen: Der *Vermählungs-* oder *Josephsbrunnen* in der Mitte des Gevierts verdankt seine Existenz einem Schwur Kaiser Leopolds I. Als dessen Sohn Joseph im Spanischen Erbfolgekrieg focht, gelobte der Monarch für den Fall der glücklichen Heimkehr ein Monument errichten zu lassen. Das Versprechen wurde zuerst in Form einer hölzernen Denksäule eingelöst, die der große Barockarchitekt Johann Bernhard Fischer von Erlach entwarf. Wenig später entstand das gegenwärtige Monumentalwerk aus Bronze und weißem Marmor, eine Arbeit des Fischer-von-Erlach-Filius Joseph Emanuel.

Die * *Ankeruhr* in der Ostecke des Platzes zeigt die Zeit seit 1911 an. Der Jugendstilmaler Franz von Matsch schuf sie als Dekoration für den Schwebebogen, der den Firmensitz der Anker-Versicherungsgesellschaft mit dem Nachbarhaus verbindet. Was die

10 m lange Uhrenkonstruktion zu einem touristischen Anziehungspunkt ersten Ranges macht, ist eine kuriose Figurenparade. Täglich um Punkt zwölf Uhr erscheinen hintereinander zwölf überlebensgroße, aus Kupfer getriebene Persönlichkeiten der Stadtgeschichte: Marc Aurel, Karl der Große, Leopold VI., Walther von der Vogelweide, Rudolf I., Dombaumeister Puchsbaum, Maximilian I., Bürgermeister Liebenberg, die Türkenbezwinger Graf Starhemberg und Prinz Eugen, Maria Theresia samt ihrem Franz Stephan, sowie Joseph Haydn. Jeder Auftritt ist von einem für die Epoche typischen Musikstück begleitet.

In der Wipplingerstraße stehen sich zwei prächtige Wiener Barockbauten gegenüber: die von Johann Bernhard Fischer von Erlach erbaute *ehemalige Böhmische Hofkanzlei* und das *Alte Rathaus*, in dem über ein halbes Jahrtausend lang, von 1316 bis 1885, der Wiener Stadtrat tagte. Heute hat hier das Dokumentationsarchiv des Österreichischen Widerstands seinen Sitz. Ein kleines Museum informiert über den Kampf der Gegner des Ständestaats und des Naziregimes. Die Gedenkstätte für die Opfer dieses Kampfes befindet sich keine fünf Gehminuten entfernt, im Haus Salztorgasse 6.

* **Maria am Gestade** ⑩ ist, wie die Ruprechtskirche, bereits in Annalen aus dem 12. Jh. genannt. Doch ihre heutige gotische Gestalt erhielt die an der Längsachse merkwürdig geknickte Kirche erst im späten 14. Jh. Anfang des 19. Jhs. war sie in desolatem Zustand; die französischen Besatzer hatten sie als Lager und Pferdestall genutzt. Nur knapp entging sie mitsamt ihrem prächtigen siebeneckigen Turmhelm dem Abriß – weil sich die Kosten zum Glück als zu hoch erwiesen. 1820 wurde sie wieder ein Gotteshaus. In diesem Jahr fand Clemens Maria Hofbauer, erste deutsche Redemptorist und Stadtpatron Wiens, in einer Seitenkapelle seine letzte Ruhe. „Maria Stiege“, wie das Gebäude wegen seiner steilen Ein-

gangstreppe im Volksmund auch heißt, ist seither die Nationalkirche der in Wien lebenden Tschechen.

Auf dem angenehm ruhigen *Judenplatz* betritt man noch einmal für die örtliche jüdische Gemeinde höchst schicksalsträchtigen Boden. Hier befanden sich im Mittelalter Hauptsynagoge, Badestube und Spital, die wichtigste Talmudschule und das Haus des Rabbi. Sein dunkelstes Kapitel erlebte der Platz 1421, als auf dem Höhepunkt antisemitischer Greueltaten 210 Juden auf dem Scheiterhaufen verbrannt wurden. Mit gutem Grund hat man gerade an diesem Ort dem wortgewaltigen Mahner zur Toleranz, Gotthold Ephraim Lessing, ein Denkmal errichtet. Der angrenzende Platz, er heißt

Einen historischen Abriß in Minutenschnelle zeigt die Ankeruhr am Hohen Markt.

Am Hof, überrascht durch seine geordnete Weite. Ein solcher Freiraum inmitten des winkeligen Labyrinths? Betrachtet man seine Vergangenheit, wird vieles klar: Noch im 11.Jh. war dieses Terrain völlig unbebaut. Im Osten wurde es von einer mittelalterlichen, im Westen, wo es steil zum Tiefen Graben abfiel, von einer original römischen Mauer begrenzt. Etwa 1155 ließ sich der Babenberger Heinrich II. Jasomirgott hier rund um einen „Hof" seinen Herrschersitz erbauen. Als Kaiser Friedrich Barbarossa zehn Jahre später auf seinem Weg ins Heilige Land in Wien pausierte, war dies erstmals Anlaß für glanzvolle Feste. Bald war die Residenz „Am Hof" ein Zentrum höfisch-ritterlicher Kultur, an der unter anderen die Minnesänger Reinmar von Hagenau und Walther von der Vogelweide vor ihr hochadeliges Publikum traten. Ende des 13.Jhs. verlegten die Babenberger den Herrschersitz in die neue Burg, die heutige Hofburg; in das Herzogshaus zog die landesfürstliche Münze ein. Waffenmacher siedelten sich an. Schließlich entstand das *Bürgerliche Zeughaus*, ein Waffenarsenal,

Am stillen Judenplatz.

Ein wahrhaft festliches Haus: das Palais Kinsky.

2

in dem heute die Städtische Feuerwehr ihre Zentrale hat und auch ein kleines Museum betreibt (☉ So und Fei 9–12 Uhr; werktags nur nach Voranmeldung: ☎ 53199).

Sein feudales Flair hat der Hof bis heute bewahrt. Dazu tragen das dem Zeughaus benachbarte *Märkleinsche Haus,* ein Werk Johann Lukas von Hildebrandts, das *Palais Collalto,* in dem der sechsjährige Wolfgang Amadeus Mozart sein Konzertdebüt gab, aber auch die mächtige *Mariensäule* bei, die an die Bedrohung durch die Schweden am Ende des Dreißigjährigen Krieges erinnert. Der beherrschende Bau freilich ist die * *Kirche Zu den neun Chören der Engel.* Sie war ursprünglich den Karmelitern unterstellt und gotisch, ging aber später in den Besitz der Jesuiten über, die sie grundlegend barockisierten. Auf ihrem Balkonvorbau besiegelte Kaiser Franz II. 1806 das Ende des Heiligen Römischen Reiches, als er unter dem Druck Napoleons die Absicht kundtat, die römisch-deutsche Kaiserkrone niederzulegen. – Die Vergangenheit der

Freyung hingegen läßt an Würde einiges zu wünschen übrig. Die leere dreieckige Fläche wurde im Verlauf der Geschichte immer wieder als Müllplatz mißbraucht. Lange Zeit diente sie Gauklern und Spielleuten als Bühne, auf der häufig auch ein Schnellgalgen für Verräter errichtet wurde. Die umliegenden Bauten allerdings lassen das Herz jedes kunsthistorisch Interessierten höher schlagen: Da ist das von Lukas von Hildebrandt entworfene *Palais Kinsky* (Haus Nr. 4), daneben das frisch renovierte *Palais Harrach* (Nr. 3), visà-vis das *Schubladkastenhaus,* so benannt wegen seiner Ähnlichkeit mit einem Möbelstück, und – in der Mitte des Platzes – der 1846 nach Entwürfen Ludwig Schwanthalers gefertigte *Austria-Brunnen,* dessen Bronzefiguren Elbe, Donau, Weichsel und Po symbolisieren, die ehemaligen Hauptflüsse der Habsburgermonarchie. Die nördliche Begrenzung der Freyung bildet das

* **Schottenstift** ⓲. Es wurde 1155 von Heinrich II. Jasomirgott gegründet, erhielt aber seine heutige Gestalt erst im 19.Jh. Seine Gemäldegalerie im Ersten Stock (☉ Do–Sa 10–17, So 12–17 Uhr) umfaßt unter anderem zwei gotische Hochaltartafeln mit den ältesten authentischen Ansichten der Stadt.

Die gleichnamige Pfarrkirche vereint im Tode zahlreiche Größen der österreichischen Geschichte; die bedeutendsten unter ihnen sind die Grafen Windischgraetz, Khevenhüller und Starhemberg sowie der Babenbergerherzog Heinrich II. Jasomirgott. Mit Schotten haben Stift und Kirche übrigens nichts zu tun: Die Mönche, die der fromme Babenberger nach Wien rief, kamen ursprünglich aus Irland, das im Mittelalter „Scotia maior" hieß.

Exzellente Wechselausstellungen zeitgenössischer Kunst organisiert regelmäßig das Kunst-Forum im umgebauten ehemaligen Bethaus der Schottenkirche (Nr. 8; ☉ tgl. 10-18, Mi bis 21 Uhr). – Das

* **Palais Ferstel** (Nr. 2) mutet dank seiner Arkaden und Loggien seltsam venezianisch an. In seiner exklusiven Einkaufspassage können Sie zum Abschluß dieses Rundgangs noch einmal ein wenig bummeln, es sei denn, Sie sehnen sich gleich nach einer Pause und Stärkung im legendären *Café Central.* An seinen zarten Marmortischen schlürften zu Beginn dieses Jahrhunderts Geistesgrößen wie Egon Erwin Kisch und Karl Kraus, Bert Brecht, Leo Trotzki und Sigmund Freud ihre Melange und planten dabei diverse Revolutionen, sei es der Kunst, der Psychologie oder der Gesellschaftssysteme.

Einer aus der prominenten Runde hält im übrigen – aus Papiermaché geformt – immer noch die Stellung, und das ist nicht weiter verwunderlich: Von „Kürschners Literaturkalender" nach seiner Adresse befragt, hatte der tief im Kaffeehaus verwurzelte Dichter konsequent mitgeteilt: „Peter Altenberg, Café Central, Wien".

Weg 3

Durch das Wiental

Den roten Faden dieses Rundgangs bildet das Bett des Wienflusses, das allerdings fast überall längst überbaut ist. An ihm fädeln sich etliche der wichtigsten Kunsttempel der Stadt aus Historismus und Jugendstil auf. Etwas abseits dieser Kulturmeile liegen die beiden architektonischen Glanzpunkte aus dem Barock – Karlskirche und Belvedere. Bei jeweils detaillierter Besichtigung der Innenräume und Museen ist für diese Route mindestens ein Tag einzukalkulieren.

Im Café Central.

Gibt es eine angenehmere Art, einen Spaziergang zu beginnen, als bei Kipferl und Melange in einem Café wie etwa dem *Sperl* ⑳ in der Gumpendorferstraße 21? Hier, wo sich von 7 bis 23 Uhr ein bunt gemischtes Publikum aus Journalisten, Touristen und Pensionisten versammelt, erlebt man die Institution des Wiener Kaffeehauses noch in Reinkultur: die Kuchenvitrine mit Sachertorte und Apfelstrudel gefüllt, die Bridgekarten bereitgelegt, Billardtische und Berge in- und ausländischer Zeitungen. Vis-à-vis dem verglasten Windfang herrscht noch ein alter Sitzkassier (eine Art Oberkellner) über sein Reich aus Registrierkasse, Telephon und Zuckerstreuern. Und die Ober, angetan mit schwarzer Frackweste, Fliege und Hüfttasche für das pralle Portemonnaie, servieren dem Stammgast das Gewünschte, ohne danach gefragt zu haben. So gut kennen sie ihn. Irgendwann steigen Sie dann durch eine der abschüssigen Gassen in das Wiental hinab. Noch vor etwas über 100 Jahren befanden sich an den Steilufern des unberechenbaren Flüßchens vereinzelt Mühlen und Ziegelgruben. Führte die Wien Hochwasser, kam es immer wieder zu Überschwemmungen.

Deftige Sprüch' gibt's gratis! Am Naschmarkt.

Auch Bauern aus dem Umland verkaufen am Naschmarkt ihre Produkte.

3

Erst Ende des 19. Jhs. zähmte man das Gewässer, indem man ihm ein steinernes Bett schuf und es auf einer Länge von zwei Kilometern überwölbte. Parallel dazu entstand unter der Leitung Otto Wagners die Stadtbahn, deren Trasse noch heute die U-Bahnlinie 4 folgt. Einige der insgesamt 30 in den Jugendstilfarben Weiß, Grün und Gold gehaltenen Stationsgebäude werden Ihnen im Verlauf des Weges auffallen.

Neben der Station „Kettenbrückengasse" stehen zwei wunderschöne Wohnhäuser, auch sie Zeugnisse von Wagners unbändigem Talent für spektakuläre Ornamentik. Die Fassade des * Majolikahauses (Linke Wienzeile 40) ist über und über mit bunten Blumenmustern gefliest. Das * Nachbargebäude trägt golden glänzende Medaillons, Palmblätter und Girlanden.

Zu ihren Füßen wird samstags Wiens großer Flohmarkt abgehalten. Er bietet ein unterhaltsames Tohuwabohu an Menschen und Waren, gilt allerdings schon seit längerem als ziemlich leergekauft und überteuert. Direkt daneben beginnt Wiens größter innerstädtischer Obst- und Gemüsemarkt, der

* Naschmarkt ❷. Er ist über 500 m lang und zieht alle Vorübergehenden in seinen Bann. Sein Warenangebot verblüfft durch eine wirklich umwerfende Vielfalt, insbesondere seit immer mehr Händler aus aller Herren Ländern – Türken, Italiener, Chinesen, Araber – Stände gepachtet haben und exotische Köstlichkeiten aus ihren Heimatkulturen anbieten. Unter den alteingesessenen Händlern finden sich noch echte Originale. Die beleibte „Naschmarkt-Standlerin" mit böhmischen oder ungarischen Vorfahren, die im breitesten Dialekt und mit deftigem Charme die Passanten zum Kauf ihrer Schätze ermuntert, gehört zu den Standardfiguren aus dem Wiener Typenpanoptikum.

Bummelt man über diesen mitteleuropäischen Basar stadteinwärts, stößt man auf die älteste Bühne der Stadt, das 1801 eröffnete

* **Theater an der Wien ❷**. Schier unendlich ist die Liste der Werke, die auf seinen Brettern zur Uraufführung kamen: Beethovens „Fidelio" erklang hier zum ersten Mal, Stücke Kleists, Grillparzers, Nestroys und Raimunds hatten hier ihre Premiere, und Operetten von Suppé, Zeller, Fall und Kálmán. Manche der Hauskomponisten wie Franz Lehár oder Carl Millöcker sind sogar in den Namen der angrenzenden Gassen verewigt. Emanuel Schikaneder, den ersten Direktor des Hauses und Textdichter der „Zauberflöte", kann man über dem Papagenotor, einem klassizistischen Seitenportal an der Ostfassade, in Stein gehauen in seiner Paraderolle bewundern. Seit einigen Jahren profiliert sich das Theater mit Hits wie „Das Phantom der Oper", „Cats" oder „Elisabeth" als Musicalbühne.

Geltung weit über die Grenzen Österreichs hinaus genießt auch die

** **Akademie der bildenden Künste ❷**. Einst eine Privatanstalt des Kammermalers Peter Strudel (nach ihm wurde die Strudlhofstiege benannt, die durch Heimito von Doderers Roman in die Weltliteratur einging), später in ein kaiserliches Institut umgewandelt, ist sie heute die einzige Hochschule im deutschsprachigen Raum, der eine Galerie alter Meister angegliedert ist. Und was für eine! Von Bosch und Baldung über Cranach, Rubens, Tizian, Murillo und van Dyck bis zu Ruisdael und Rembrandt reicht der Blick auf 500 Jahre heimische, italienische und deutsche, vor allem aber holländische und flämische Malerei.

Angesichts solcher Fülle sollte man freilich das Gebäude selbst nicht außer acht lassen. Es wurde 1872–1876 von Theophil Hansen in den strengen Formen der italienischen Hochrenaissance entworfen. Seine Außenfront zieren schöne Fresken, seine Aula ebensolche Deckenbilder. (☉ Di, Do, Fr 10–14, Mi 10–13, 15–18, Sa, So, Fei 9–13 Uhr.)

Ein nicht nur äußerlich sehr gegensätzliches Gebäude erhebt sich, wo der

Naschmarkt in den Karlsplatz mündet: ein weißgetünchter, quadratischer Pavillon, den goldene Friese und Medusenhäupter schmücken und eine Kuppel aus 3000 vergoldeten eisernen Lorbeerblättern krönt. Die Rede ist von der

Akademie der Bildenden Künste.

*Secession ㉔. Ende des 19. Jhs. hatte sich unter diesem Namen – lateinisch secessio = Trennung, Spaltung – wie in anderen europäischen Metropolen auch in Wien eine Gruppe junger Maler, Architekten und Dekorateure zusammengefunden, die sich von den akademisch-konservativen und häufig offiziellen Künstlervereinigungen heftig distanzierte. Als radikale Antwort auf die historische Architektur der Ringstraße entwickelten sie eine schlichte, geometrische, von floralen Ornamenten geprägte Formensprache, den Jugendstil. Herausragende Persönlichkeiten dieser Bewegung waren Otto Wagner und Gustav Klimt. Zu den Mitgliedern und Geistesverwandten zählten außerdem Kolo Moser, Josef Hoff-

3

㉔ Café Sperl
㉑ Naschmarkt
㉒ Theater an der Wien
㉓ Akademie der bildenden Künste
㉔ Secession
㉕ Künstlerhaus
㉖ Musikvereinsgebäude
㉗ Karlskirche
㉘ Historisches Museum der Stadt Wien
㉙ Konzerthaus
㉚ Hübners Kursalon

WEG 3

0   300 m

3

mann, die Maler Carl Moll und Rudolf von Alt sowie der Architekt Joseph Maria Olbrich. Olbrich entwarf 1897/98 als dreidimensionales Manifest ihrer Prinzipien das Ausstellungsgebäude am Ende des Naschmarkts. Der seinerzeit als handfeste Provokation gemeinte und verstandene Wahlspruch der Avantgardisten prangt in Goldlettern über dem Eingangsportal: „Der Zeit ihre Kunst. Der Kunst ihre Freiheit." Im Inneren befinden sich große Teile eines der Schlüsselwerke der frühen Moderne: Gustav Klimts Beethovenfries (🕐 Di–Fr 10–18, Sa, So, Fei 10–16 Uhr).

Zeit zum Rasten. Das *Café Museum* (Ecke Karlsplatz/Operngasse) ist zugleich ein Kulturdenkmal ersten Ranges. 1899 von Adolf Loos gestaltet, zeugt es mit seinen kahlen, weißen Wänden, den Bugholzsesseln und mit rotem Skai überzogenen Bänken noch heute von jenem Prinzip der betonten Schlichtheit, dem sein Schöpfer so vehement verbunden war. „Café Nihilismus" hieß denn auch sein Werk bei spitzzüngigen Wienern, doch das tat der Anziehungskraft keinen Abbruch. Bis heute überwiegen im Publikum die Bohemiens, die wie die rauchige Luft und die leicht angeschmuddelte Atmosphäre zum Inventar gehören.

Wenige hundert Meter entfernt, auf dem Karlsplatz, steht der ideologische Gegenpol zur Secession: das

Künstlerhaus 🅴. In seinen Mauern logierte seit 1868 die „Genossenschaft der bildenden Künstler Wiens", deren Mitglieder sich vorwiegend am Geschmack des Bürgertums und des kaiserlichen Hofes orientierten, allen voran ihr Doyen Hans Makart. Heute birgt das im Renaissancestil erbaute Gebäude in seinen zwei Flügeltrakten ein Kino und ein Theater. Im Mittelteil finden seit vielen Jahren spektakuläre und vielbesuchte Großausstellungen statt. Auch das benachbarte

*★Musikvereinsgebäude 🅴, ein weiteres unter den zahllosen Werken Theophil Hansens, erregt bei Anhängern der

Moderne eher Grauen. Schon das terrakottarote antikisierende Äußere mit seinen Balustraden und Statuen zeugt nicht gerade von der Lust zur Reduktion. Bombastisch aber wirkt der Goldene Saal mit 16 vergoldeten Karyatiden, Kristallüstern und einer gleißenden, mit Fresken durchsetzten Kassettendecke. Legendär ist allerdings die Akustik. Vor allem ihretwegen steht der Musikverein, wie das Gebäude gerne verkürzend genannt wird, seit seiner Eröffnung im Jahr 1869 im Zentrum des Konzertgeschehens. Er ist die Heimstatt der Wiener Philharmoniker und der renommierten Klavierfabrik Bösendorfer. In ihm gastierten zu allen Zeiten die besten Orchester, Solisten und Dirigenten der Welt. Nebenbei war er aber auch Ort zahlloser Bälle und Soireen – und musikgeschichtlicher Skandale. Den schwärzesten Tag in seiner Chronik erlebte das Haus am 30. März 1913, als Arnold Schönberg seine Kammersymphonie zur Aufführung brachte und das soignierte Publikum sich bei den ungewohnten Zwölftonkompositionen nicht mit Pfiffen begnügte, sondern mit Ohrfeigen und Prügeln reagierte, bis die Polizei den Saal räumen mußte. Aber die Walzerseligen – sie kommen seit vielen Jahren im Goldenen Saal voll auf ihre Kosten. Das Neujahrskonzert erfreut via Fernsehen Millionen von Hörern.

Wie die sprichwörtliche Faust aufs Auge paßt jener gelbe, metallene Riesencontainer in seine Umgebung, den die örtlichen Kulturpolitiker Anfang der 90er Jahre zwischen Secession und Künstlerhaus auf eine der wenigen Grünflächen pflanzten: die *Kunsthalle.* Sie dient – zum Glück nur provisorisch – als Ausstellungsort für zeitgenössische Kunst und soll wieder verschwinden, sobald das lange angekündigte Museumszentrum in den barocken Hofstallungen am Fuße des Spittelbergs endlich Wirklichkeit ist.

Spötter meinen, der unsägliche Kubus sei nur der logische Höhepunkt in der schrittweisen Verplanung des

3

Karlsplatzes. Tatsache ist, daß die weitläufige, vom Verkehr umbrauste Fläche für die Stadtarchitekten schon immer ein Problemkind war. Ursprünglich von Gärten, Auwäldern und Weihern bedeckt und nach den Türkenbelagerungen zu einem freien Schußfeld (Glacis) eingeebnet, war auf ihr im Laufe des 19. Jhs. ein Kranz von Gebäuden entstanden – Künstlerhaus, Musikverein, Handelsakademie und die Technische Universität. Um 1900 hatte man im Zuge der Regulierung und Überbauung des Wienflusses zwar - allerlei Pläne zur Neugestaltung gewälzt. Ausgeführt

Manifestation einer Protestbewegung: die Secession.

wurde freilich keiner. Erst nachdem der Platz im Rahmen des U-Bahnbaus in den 70er Jahren in eine wüste Baustelle verwandelt worden war, schuf man ein paar Grüninseln, einen Teich und restaurierte die beiden zauberhaften, zierlichen Wagnerschen Stadtbahnpavillons. Ein großer Teil des Platzes verschwand allerdings unter einer Betondecke und wird nach wie vor von Straßen und Schienen zerschnitten.

Die Fassade des Musikvereinsgebäudes.

Freilich konnten all diese Maßnahmen die dominierende Wirkung eines Gebäudes nicht schmälern. Die

★★ Karlskirche ㉗, Wiens bedeutendster Barockbau, überragt majestätisch und von allem Häßlichen unbeeindruckt ihre Umgebung. „Constantia et fortitudine", „Durch Beharrlichkeit und Stärke", lautete der Leitspruch Karls VI., ihres Bauherrn. Wer war besser geeignet, ihn architektonisch umzusetzen als des Kaisers zwei Leibbaumeister, Johann Bernhard Fischer von Erlach und dessen Sohn Joseph Emanuel? Hoch über dem damaligen Steilufer der

Die ehem. Stadtbahnpavillons sind eine Arbeit von Otto Wagner.

Wien errichteten sie einen grandiosen Bau. Dessen patinagrüne Kuppel ist gewaltige 72 m hoch. Die Kombination von Architekturelementen aus verschiedenen Weltgegenden unterstreicht zusätzlich den imperialen Machtanspruch zur höheren Ehre Gottes: Die Mittelfront hat die Form eines griechischen Tempels, die beiden Seitenkapellen sind stilistisch der italienischen Renaissance entlehnt. Ihre Dächer hingegen gleichen chinesischen Pagoden. Und die Triumphsäulen haben ihre Vorbilder in Rom, erinnern aber zugleich an islamische Minarette. Die Symbolik setzt sich in der Ausstattung fort. Die zwei Engelsfiguren an der Freitreppe stehen für das Alte und Neue Testament, über vier großen Plastiken über der Säulenhalle für die vier Tugenden Bußfertigkeit, Barmherzigkeit, Frömmigkeit und Glaube. In ihrer Mitte thront Karl Borromäus, jener Pestheilige, dem Karl VI. nach der großen Epidemie von 1713 einem Gelübde folgend dieses Gotteshaus errichten ließ. Szenen aus dem bewegten Leben des Kirchenpatrons – er hatte sich als Erzbischof von Mailand selbstlos um die Pestopfer seiner Stadt gekümmert, aber auch erfolgreich gegen die Ausbreitung des Protestantismus in Norditalien gekämpft – zeigen die Reliefs auf den beiden 33 m hohen Säulen. Im Innenraum fällt zuallererst das monumentale Deckenfresko von Johann Michael Rottmayr in der ovalen Kuppel auf. Zu dem farbenfrohen barocken Prunk tragen auch der von Johann Bernhard Fischer von Erlach konzipierte Hochaltar und Sebastiano Riccis Altarbild „Himmelfahrt Mariens" bei.

In unmittelbarer Nachbarschaft all dieser barocken Opulenz steht das

* Historische Museum der Stadt Wien
㉓. Über sein mausgraues Äußeres sei gnädig der Mantel des Schweigens gebreitet. Das Haus entstand in der Nachkriegszeit in einem Anfall heilloser Geschmacksverirrung. Sehr wohl von Interesse ist allerdings sein Inneres: Es birgt eine Schausammlung, die die Stadtgeschichte von der Zeit der ersten Keltensiedlungen und des Legionslagers Vindobona über die Babenbergerherrschaft und die 640 Habsburger-Jahre bis in die Gegenwart dokumentiert. Die zahllosen archäologischen Funde, Rüstungen, von den Türken erbeutete Stücke, Bauteile des Stephansdoms, Gemälde, Möbel, Vertragsdokumente und Veduten sollten Ihnen nicht den Blick verstellen für die zwei original eingerichteten Gedenkräume für Franz Grillparzer und Adolf Loos sowie für ein riesiges hölzernes Stadtmodell, das ein genaues Bild von der Topographie Wiens um die Jahrhundertwende vermittelt. (⊙ Di–So 9–16.30 Uhr.)

Nun aber Schluß mit dem Karlsplatz und fort zu einer der schönsten Anlagen Wiens, zum

** Schloß Belvedere (Eingang über den Rennweg). Vorneweg eine kurze biographische Notiz über seinen Bauherrn, Prinzen Eugen von Savoyen: Der „edle Ritter", wie das Volk den Türkenbezwinger dankbar nannte, war französischer Herkunft und sollte nach dem Wunsch der Eltern eine klerikale Laufbahn einschlagen. Da ihm der Sinn jedoch nach einer weltlichen Karriere im Kriegshandwerk stand, klopfte er bei Louis XIV. an, wurde aber wegen seiner Kleinwüchsigkeit abgewiesen. Darauf bot der gerade erst 20jährige Prinz Österreich seine Dienste an, bewährte sich bei der Türkenbelagerung vor Wien und stieg schnell zum kommandierenden General der habsburgischen Truppen auf. 1697 schlug er im Namen Leopolds I. bei Zenta die Türken, was Wien die Rückgewinnung Ungarns ermöglichte. Aber nicht nur als Feldherr war Eugen außergewöhnlich erfolgreich. Generalgouverneur der österreichischen Niederlande, Ratgeber und Vertrauter dreier Kaiser und Vorsitzender der Geheimen Staatskonferenz – Eugen vereinte enorme Macht auf sich und einen ungeheuren Reichtum.

Schon 1693 hatte sich der junge Marschall vor den Toren der Stadt Land gekauft. Um die Jahrhundertwende ließ er darauf einen Park mit kunstvollen Wasserspielen anlegen. 1714 erteilte er Lukas von Hildebrandt den Auftrag zum Bau des Unteren Belvedere und 1721 schließlich, als die Türkengefahr endgültig gebannt war, jenen zum Bau des Oberen.

Wozu er ein Gartenpalais in doppelter Ausführung benötigte? Das eine benützte er während der Sommermonate (er besaß noch ein Winterpalais in der Stadt) als Wohnstatt, das andere zum Repräsentieren. Entsprechend zahlreich und kostbar ausgestattet sind die Räumlichkeiten des Oberen Schlosses: Audienzsaal, Spiegelkabinett, Kunstgalerie, Konferenzsaal, Kaffeezimmer ... – für festliche Veranstaltungen war ein würdiger Rahmen vonnöten.

Viel bescheidener geriet das Schloß am unteren Ende des 500 m langen Terrassengartens freilich auch nicht. Seine äußeren Maße mögen etwas kleiner sein, aber sein Inneres verfügt ebenfalls über einen freskenverzierten Marmorsaal, eine Prunkgalerie und einen mit vergoldeten Stukkaturen und Täfelungen reich verzierten Spiegelsaal.

Nachdem die Monarchie zur Republik geworden war, zog die *Österreichische Galerie des 19. und 20. Jahrhunderts* ein, mit Werken von Waldmüller, Gauermann, Klimt, Schiele, Kokoschka, Rainer, Wotruba u. v. a.

Eine der schändlich wenig besuchten Sammlungen Wiens verbirgt sich im Unteren Belvedere: das *Österreichische Barockmuseum*. In

Die Karlskirche, Wiens schönster Barockbau.

Des „edlen Ritters" repräsentatives Zuhause, das Belvedere,...

...beherbergt heute mehrere wertvolle Kunstsammlungen.

Künstler in Wien – eine kleine Spurensuche

Nein, Wien ist nicht nur in seinem Herzen eine Stadt der Musen. Auch jenseits der Ringstraße respektive der Stadtmauern ist die Kunst seit alters zu Hause. Will man auf den Spuren der großen Dichter und Komponisten wandeln, muß man seine Schritte deshalb auch in die ehemaligen Vorstädte lenken. Dort läßt sich vielerorts noch der Genius loci erspüren, der einst die Meister inspirierte.

Das *Geburtshaus Franz Schuberts* zum Beispiel: Schon das Haus mit seinem malerischen Innenhof und den Balkonen, sogenannten „Pawlatschen", versetzt einen sofort in das Biedermeier. Und das Museum im ersten Stock verstärkt noch den idyllischen Eindruck. Es zeigt zeitgenössische Ansichten Wiens aus dem 18. Jh., Faksimiles von Kompositionsblättern und Briefen des Liederkönigs, Bilder seiner Angehörigen und Freunde sowie zwei originale Hammerklaviere (9., Nußdorfer Str. 43, ⏱ tgl. außer Mo 9–12.15, 13–16.30 Uhr). Auch gestorben ist Schubert in Wien: Sein Sterbezimmer in der Kettenbrückengasse 6 – ein schmales, einfenstriges Kabinett, gänzlich frei von jeglichem nostalgischen Schnickschnack – gehört zu Wiens bedeutendsten Gedenkstätten (4., ⏱ w. o.).

Vom *Sterbehaus Ludwig van Beethovens* hingegen ist nur noch eine Gedenktafel geblieben. Es stand im 9. Bezirk, in der Schwarzspanierstraße 15. Wenigstens Photos davon kann man im *Pasqualatihaus* (Mölker Bastei 8; ⏱ w. o.) sehen, in dem der Meister „Fidelio", das Violinkonzert und mehrere Symphonien komponierte. Im gleichen Haus ist auch ein kleines Museum zur Erinnerung an *Adalbert Stifter* untergebracht, der lange Jahre in Wien lebte.

Im 8. und 9. Bezirk, Josefstadt und Alsergrund, lebte der große Wiener Romancier aus der ersten Hälfte des 20. Jhs., *Heimito von Doderer*. Die Zahl der Kaffeehäuser und Lokale, in denen er regelmäßig verkehrte, ist so groß, daß nicht alle einzeln genannt werden können. Im „Café Brioni" neben dem Franz-Josefs-Bahnhof schrieb er Teile der „Strudlhofstiege". Im Gasthaus „Zur Stadt Paris" in der Josefstädter Straße 4 hatte er jeden ersten Montag im Monat seinen Stammtisch, woran bis heute eine mit Memorabilien gefüllte Vitrine erinnert. Ort höchster Weihe für seine Verehrer ist die Strudlhofstiege selbst, jene „terrassenförmige Bühne dramatischen Lebens", wie er sie nannte; sie verbindet Liechtensteinstraße und Boltzmanngasse miteinander. Im Bezirksmuseum (Währinger Straße 43; ⏱ Mi 9–11, So 10–12 Uhr, Juli/Aug. geschl.) wurde nach Doderers Tod 1965 ein Gedenkraum eingerichtet.

Unweit des Westbahnhofs, in Mariahilf, ist *Joseph Haydn* aus der Welt geschieden. In seinem Wohnhaus in der nach ihm benannten Gasse (Nr. 19) dokumentieren Bildnisse, Autographen, Musikinstrumente und Notendrucke sein Wirken (⏱ tgl. außer Mo 9–12.15, 13–16.30 Uhr). Dem kleinen Museum angeschlossen ist ein Schauraum für *Johannes Brahms,* der nahezu dreieinhalb Jahrzehnte in Wien lebte.

Zum Schluß seien noch zwei Orte in der Inneren Stadt erwähnt: Im *Graben-Hotel* in der Dorotheergasse 3 lebte nicht nur der Dichter und schrullige Bohemien *Peter Altenberg* sechs Jahre lang, hier nahmen auch *Max Brod, Franz Kafka, Franz Werfel* und *Alfred Polgar* für längere Zeit Quartier.

Letzte Pflichtstation auf der Spurensuche sind schließlich die Erinnerungsräume im Figarohaus (Domgasse 5; ⏱ w. o.), wo *Wolfgang Amadeus Mozart,* glaubt man den Biographen, seine glücklichsten Jahre verbrachte.

den mit Marmor, Spiegeln und Gold ausgestatteten Räumen sind u.a. die originalen Bleifiguren von Georg Raphael Donners Brunnen am Neuen Markt, Gemälde von Rottmayr, Troger, Martin Johann Schmidt und Maulbertsch zu sehen sowie als Hauptattraktion die Grimassen schneidenden Charakterköpfe von Franz Xaver Messerschmidt.

Freunde romanischer und gotischer Schnitzwerke und Altarbilder finden in der angegliederten Orangerie ihr Eldorado: Dort sitzt das *Museum mittelalterlicher österreichischer Kunst.* (© alle Museen Di–So 10–17 Uhr.)

Wieder zurück im Wiental, passiert man am Heumarkt das

Konzerthaus ㉙. Der Jugendstilbau mit seinen drei Sälen bildet in gewisser Weise den Kontrapunkt zum Musikverein. Denn im Gegensatz zu jener Hochburg der klassischen und romantischen Musik liegt das Schwergewicht seines Veranstaltungsprogramms auf Kompositionen des 20. Jhs.

Zum Abschluß geht es durch ein schmuckes Jugendstilportal in den

*Stadtpark. Die 1862 eröffnete, heute vom Verkehr umflutete grüne Oase mit Pavillons, Freitreppen und einer Uferpromenade ist nicht nur ein Ort der Erholung für die Anrainer, sondern auch ein Pilgerziel für Musikliebhaber. Denn entlang seiner Wege stehen Denkmäler für Franz Schubert, Anton Bruckner, Franz Lehár, Robert Stolz und den Walzerkönig Johann Strauß Sohn.

Apropos: Wer einmal in der Walzerstadt selbst das Tanzbein im Dreivierteltakt schwingen will, kehre in *Hübners Kursalon* ㉚ ein. Hier erklingen von Ostern bis Ende Oktober täglich zwischen 16 und 23 Uhr animierende Walzerklänge (Eintritt frei, Konsumationspflicht).

Vielleicht das meistfotografierte Motiv in Wien: Johann Strauß.

Die Strudlhofstiege ging durch Heimito von Doderer in die Literaturgeschichte ein.

Im Stadtpark.

Weg 4

Die östliche Vorstadt und der Prater

Natürlich ließe sich dieser Rundgang durch den Bezirk Landstraße und das ehemalige jüdische Ghetto in ein paar Stunden absolvieren. Doch nichts wäre verkehrter! Denn die weitläufigen Praterauen liegen direkt am Wegesrand und bieten so Gelegenheit zu einem erholsamen Spaziergang in der grünen Natur – mitten in Wien! Deshalb plane man getrost einen ganzen Tag mit schönem Wetter ein.

Den idealen Ausgangspunkt für die Erkundung des zentralen Teils der Insel zwischen Donau und Donaukanal bildet der *Praterstern*. Er ist von der Innenstadt aus in wenigen Minuten mit der U-Bahnlinie 1 erreichbar und dient den Wienern seit jeher als Tor zu ihrem wichtigsten Erholungsgebiet, dem Prater. Der weitläufige Platz selbst zählt zwar mit seinen nicht enden wollenden Verkehrsströmen, den Branntweinstuben und dem Umsteigebahnhof zu den eher unwirtlichen Orten der Stadt. Wenige Schritte weiter östlich jedoch erhebt sich inmitten des

★★ Volkspraters eines der Wahrzeichen Wiens, das **★★ *Riesenrad* ③**. Ungezählt sind die Anekdoten, die seine bald hundertjährige Geschichte begleiten. Schon bald, nachdem der englische Ingenieur Walter Basset 1896/97 die fast 67 m hohe und 430 t schwere Konstruktion mit ihren 120 Metallspeichen und damals 30 Waggons errichtet hatte, wurde sie nicht nur für beschauliche Aussichtsfahrten ge-, sondern auch für allerlei artistische Einlagen mißbraucht. Legendär ist etwa das Kunststück der Französin Solange d'Atalide, die Anfang des Jahrhunderts auf einem Gondeldach hoch zu Roß eine Runde

drehte. Kaum weniger spektakulär war die Fahrt einer gewissen Marie Kindl, die sich lediglich mit ihren Zähnen an einem von einer Gondel herabhängenden Seil festhielt.

Im Ersten Weltkrieg beschlagnahmte das oberste Militärkommando das große Spielzeug als Beobachtungsposten. Im Zweiten wurde es durch Bomben schwer beschädigt. Doch schon bald darauf drehte sich die stählerne Attraktion wieder und erlangte Weltruhm als Kulisse in Carol Reeds Filmklassiker „Der Dritte Mann". Heute gehört die circa 14 minütige Umrundung für jeden Wien-Besucher zum Pflichtprogramm (🕐 in Betrieb von etwa Mitte Februar bis Anfang Januar, Detailinformationen unter ☎ 26 21 30).

Das Viertel rund um das Riesenrad war schon gegen Ende des 18. Jhs. ein beliebtes Ausflugsgebiet mit Meiereien, Kaffee- und Wirtshäusern. 1830 eröffnete ein gewisser Basileo Calafati zuerst ein „Kunstkabinett für Taschenspielertricks und Geistererscheinungen" und kurz darauf das erste Ringelspiel. Bald folgten zahlreiche Schaubuden, Kegelbahnen und andere Vergnügungsetablissements. Der *Volks*- oder *Wurstelprater* entstand. Einige charmante Relikte aus dieser Pionierzeit – Grottenbahnen, Schießbuden und ein Pony-Karussell – haben die schweren Zerstörungen während des Krieges überdauert und behaupten sich bis heute erfolgreich gegen die schrillen High-Tech-Attraktionen der modernen Jahrmarktsindustrie.

Ein Heimatforscher hat zahlreiche Erinnerungsstücke an den alten Wurstelprater (Plakate, Fotos, Schilder, Gemälde, Ringelspielfiguren usw.) der Stadt Wien vermacht. Sie sind im *Pratermuseum* ausgestellt (2., Hauptallee, Planetarium beim Riesenrad, 🕐 Di–Fr 9–12.15 und 13–16.30, Sa, So und Fei 14–18.30 Uhr).

Abstand von all dem Rummel gewinnt man bei einem ausgedehnten Spaziergang auf der Hauptallee durch den

*Prater. Sie ist seit über 30 Jahren von jeglichem Motorverkehr befreit, eine frühe Fußgängerzone. Wer in Eile ist oder nicht allzu gehfreudig, schwenkt nach ca. 20 Minuten rechts in die Rotundenallee ein und folgt dieser bis zum Donaukanal. Allen anderen jedoch sei empfohlen, zunächst noch begleitet von den Geleisen der putzigen Liliputbahn weitere 3 km bis zum *Lusthaus* zu gehen, um sich dort mit einer echten Wiener Jause zu stärken. Das reizende Schlößchen liegt inmitten eines Augebiets, das jahrhundertelang ausschließlich Jagdgebiet für den Kaiser

Ein Wiener Wahrzeichen: das Riesenrad.

und seine Gäste war und erst 1766 von Joseph II. dem gemeinen Volk geöffnet wurde. Mit soviel Volksnähe zog er sich freilich den Unmut des Hofadels zu. Darauf Joseph: „Wollte ich mich nur unter meinesgleichen bewegen, gäbe es für mich in Wien keinen anderen Aufenthaltsort als die Kaisergruft."

Jenseits der Rotundenbrücke betreten Sie den dritten Bezirk, die „Landstraße". Hier, nicht weit von jener Stelle, wo der Wienfluß in einen damals noch unregulierten Donauarm mündete, entstand in der zweiten Hälfte des 16. Jhs. der Vorort Weißgerber, eine ziemlich anrüchige Siedlung von Gerbern, Darmwäschern und Fleischhauern. Noch bis weit ins 18. Jh. stiegen von hier nicht nur atemberaubende Düfte in den Himmel, sondern zuweilen auch die Rauchschwaden eines Scheiterhaufens. Auf dem Gebiet der „Gänseweide" befand sich eine der Wiener Hinrichtungsstätten.

Denkmal für Robert Stolz im Prater.

Wahrlich finstere Zeiten. Doch die düsteren Gedanken vertreibt ganz in der Nähe, an der Ecke Löwen- und Kegelgasse, eine kuriose kommunale Wohnanlage, die seit ihrer Fertigstellung (1985) fast ebensoviele Touristen anlockt wie das ehrwürdige Schloß Schönbrunn: das

Vergnügliches Zähneputzen: Bad im Hundertwasser-Haus.

4

** **Hundertwasser–Haus** ㉜. Dessen Schöpfer, der bis dahin vor allem durch seine immer gleichen Spiralen-Bilder bekannt gewordene Maler Fritz Stowasser alias Friedensreich Hundertwasser, hat in dem vieldiskutierten Unikum mit 50 Wohnungen seine je nach Perspektive zukunftsweisenden oder einfach spleenigen Prinzipien verwirklicht: Statt Kunststoff verwendete er Keramik, statt Stahlbeton Ziegelwerk und Holz; auf Balkonen und Dächern pflanzte er Buschwerk und Bäume; Wänden und Böden legte er Dauerwellen an; Fenster und Fassaden wurden in allen Farben bemalt; alles steht im Zeichen der Unregelmäßigkeit.

Nach und nach drückte der geschäftstüchtige Selbstdarsteller auch der Umgebung seinen Stempel auf. Um die Neugier der Touristen auf das Innenleben seiner Architektur zu stillen (der Zugang zum Wohnhaus bleibt ihnen aus Rücksicht auf die Bewohner verwehrt), gestaltete er gleich gegenüber in dem für ihn typischen Stil das *Village*, ein kleines, höchst sehenswertes Einkaufszentrum. Und wenige Gehminuten entfernt, in der Unteren Weißgerberstraße 13, verwandelte er das Gebäude, in dem die Firma Thonet die berühmten Bugholzmöbel herstellte, in das *KunstHausWien* ㉝. Dort werden auf 3500 unebenen Quadratmetern eigene Werke des Meisters und in wechselnden Ausstellungen auch Arbeiten anderer renommierter Künstler aus aller Welt gezeigt (🕐 tgl. 10-19 Uhr; ☎ 7120491).

Nächste Station ist jenes auffällige, kuppelbekrönte Gebäude, das sich genau am Schnittpunkt von Ringstraße und Franz-Josefs-Kai erhebt: die *Urania*. Sie wurde 1910 von dem Architekten Max Fabiani als das konzipiert, was sie noch heute ist: ein Zentrum der Volksbildung, das unter anderem eine Sternwarte umfaßt. Der Verlauf der *Ringstraße* folgt in etwa jener Linie, entlang der die Wiener nach der bösen Erfahrung der ersten Türkenbelagerung (1529) einen massiven Befestigungsring angelegt hatten. Mitte des 19.Jhs. boten solche Trutzbauten längst keinen Schutz mehr vor den modernen Waffen, gefährdeten aber stattdessen als potentielle Barrikade die innere Sicherheit. Der junge Kaiser Franz Joseph lernte aus dem Revolutionsjahr 1848, das seinen Onkel Ferdinand I. den Thron gekostet hatte, und ordnete die Schleifung der Basteien an. Zugleich ließ er mehrere Kasernen unweit der Hofburg errichten, um bei Aufständen die kaiserlichen Truppen schnell bei der Hand zu haben. Ein großer Teil des gewonnenen Grund und Bodens stand jedoch dem Adel und auch dem Bürgertum als Spielfeld für ihre repräsentativen Bauvorhaben zur Verfügung. Der Rest diente kommunalen Zwecken. Wenngleich man heute als Fußgänger auf der Ringstraße von Autos, Straßenbahnen, Fiakern und Radfahrern bedrängt wird, ist sie mit ihrer Länge von rund 4 km, ihrer Breite von durchschnittlich 57 m, ihren Linden- und Platanenalleen nach wie vor der Inbegriff eines imperialen Prachtboulevards.

Auf der Aspernbrücke geht es nun über den

Donaukanal. Er bildete vor seiner Regulierung den südlichsten Arm der weit verzweigten Donau und als solcher den Lebensnerv des städtischen Handels. Denn ein Großteil des Warenumschlags erfolgte in alten Zeiten per Schiff, und die Anlegestellen – von echten Häfen konnte noch keine Rede sein – befanden sich im Bereich des heutigen Franz-Josefs-Kais. Freilich: Dieser Transportweg war alles andere als zuverlässig. Hochwasser häufte mit enervierender Regelmäßigkeit Sandbänke auf und verschmälerte so die Fahrrinne Richtung Norden. Als in der zweiten Hälfte des 19.Jhs. der stadtnahe Arm wieder einmal unschiffbar war, ja sogar seine Austrocknung drohte, beschloß

Kommunaler Wohnungsbau einmal ohne jede Tristesse: das Hundertwasser-Haus.

man das Übel an der Wurzel zu packen. Auf über 16 km – von Nußdorf im Nordwesten bis Simmering im Südosten – wurde dem widerspenstigen Gewässer ein steinernes Korsett angelegt. Und an seinem Beginn baute niemand geringerer als Otto Wagner eine prächtige Wehr- und Schleusenanlage.

Ein ähnliches Schicksal hatte kurz zuvor auch schon den Hauptstrom ereilt. Nachdem die Vorstädte und Vororte immer dichter an die Ufer seiner Arme und Schlingen herangewachsen waren, grub man ihm mit Hilfe moderner Dampfbagger, die bereits beim Bau des Suezkanals ihre Leistungskraft bewiesen hatten, in nur fünf Jahren ein neues, fast schnurgerades Bett. Die Seitenarme wurden zum Teil zugeschüttet und bebaut, zum Teil jedoch – wie etwa die *Alte Donau,* die *Lobau* oder das *Heustadlwasser* im Prater – als Erholungs- und Landschaftsschutzgebiete erhalten. Als man allerdings ein paar Jahrzehnte und zwei Weltkriege später feststellen mußte, daß die Hochwassergefahr nach wie vor nicht völlig gebannt war und außerdem der Grundwasserspiegel im Marchfeld, der Korn- und Gemüsekammer Wiens, dramatisch sank, beschloß man, den gesamten Donauraum innerhalb der Stadtgrenzen noch einmal gründlich umzubauen. 1972 wurde auf dem Gelände des bisherigen Überschwemmungsgebiets mit dem Aushub eines 21 km langen, poetisch „Entlastungsgerinne" getauften Parallelbetts begonnen, das bei Bedarf überschüssige Fluten aufnehmen sollte. 15 Jahre später war die sogenannte

Neue Donau fertiggestellt – eine stadtplanerische Großtat sondergleichen, die man mit eigenen Augen gesehen haben muß. Ganz abgesehen von den funktionalen Gesichtspunkten, hatte man die 200 m breite, zwischen den beiden Flüssen aufgeschüttete Insel in eine gigantische Erholungslandschaft verwandelt, um die Bewohner anderer Großstädte die Wiener nur beneiden können. Selbstverständlich besitzt sie auch eine eigene U-Bahnstation. Wer dort aussteigt, den erwartet eine Art mitteleuropäischer Adria: ein Freizeitparadies mit schier endlosen Badestränden, Rad- und Wanderwegen, Spiel- und Sportanlagen, Grillplätzen, Diskotheken, Eissalons, Restaurants – und ganz im Süden und Norden mit unberührten Tümpeln, Wiesen und Auwäldern.

Für einen Abstecher nach „Transdanubien", wie die beiden nördlich des Stroms gelegenen Bezirke Floridsdorf und Donaustadt im Volksmund heißen, gibt es freilich noch einen zweiten Grund. Er heißt

*★ **UNO-City** und beherrscht mit seiner unübersehbaren Phalanx halbrunder Bürotürme aus Glas den zentralen Bereich des nördlichen Flußufers. Dieses neben New York und Genf dritte Hauptquartier der Vereinten Nationen wurde zwischen 1973 und 1979 errichtet. Sein geistiger Vater war Bruno Kreisky, Österreichs damaliger Bundeskanzler, der Wien damit seine traditionell große Bedeutung als Ort der Begegnung und Vermittlung, als Brennpunkt der Diplomatie wiedergab.

Dem Bau war ein internationaler Wettbewerb vorausgegangen, bei dem 656 Architekten aus 50 Staaten 280 Projekte einreichten. Der erste Preis ging in die USA, der zweite nach England, der dritte nach Deutschland, der vierte nach Österreich. Die Plazierung spielte allerdings bei der Auftragsvergabe keine Rolle. In schöner österreichischer Tradition bedachte man damit – den Österreicher: Johann Staber.

Freilich war sein Entwurf bei den Wienern anfangs, wie alles Ungewohnte, heftig umstritten. Doch in der Zwischenzeit haben sie sich nicht nur an den Anblick dieser exterritorialen Stadt in der Stadt gewöhnt, sondern auch deren über 4500 Beamte aus allen Teilen der Welt als Bereicherung für Wien schätzen gelernt. Ja, der Komplex wurde sogar Anfang der 80er Jahre durch ein riesiges Konferenz- und Veranstaltungszentrum im gleichen Stil erweitert, das *Austria Center Vienna.*

Viel früher schon, 1964, entstand anläßlich der Wiener Internationalen Gartenschau der nahegelegene Donauturm **④**. Von seinen beiden Drehrestaurants (🕐 tgl. 9.30–24 Uhr; ☎ 23 53 68) genießt man einen unüberbietbaren Blick auf die Stadt, die Hügel des Wienerwalds und die Ebene des Marchfeldes.

Daß die Stadt dem Fluß in Zukunft noch näher rücken wird, versprechen mehrere Großprojekte. Zum einen der bereits im Herbst 1992 eröffnete

An der Alten Donau.

㉛ Riesenrad
㉜ Hunderwasser-Haus
㉝ KunstHausWien
㉞ Donauturm
㉟ Karmeliterplatz
㊱ Schloß Augarten

4

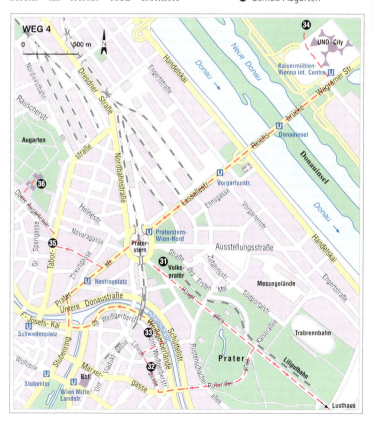

4

Rhein-Main-Donaukanal, mit dessen Hilfe sich Wien – genauer: seine zwei Häfen in Albern und der Freudenau – schon bald zum zentralen Warenumschlagplatz zwischen Nordsee und Schwarzem Meer entwickeln soll. Zum zweiten das Großkraftwerk Freudenau, mit dessen Bau 1993 begonnen wurde, und das den Fluß im Stadtbereich zu einem See aufstauen wird. Vor allem aber soll bereits in wenigen Jahren rund um die UNO-City und entlang der Donauuferautobahn ein zweites, aus Büro- und Wohnhochhäusern bestehendes urbanes Zentrum neue städtebauliche Akzente setzen.

Mit der U1 zurück Richtung Innenstadt fahrend, betritt man an der Station „Nestroyplatz" die *Praterstraße*, im 19. Jh. das bevorzugte Revier der leichten Muse. Unweit des Platzes stand einst das Carl-Theater, dem Wiens genialster Volksdichter, Johann Nestroy, zwischen 1854 und 1860 als Direktor vorstand. In der Praterstraße Nr. 54 komponierte Johann Strauß Sohn seinen wohl berühmtesten Walzer, „An der schönen blauen Donau", – Anlaß genug für ein kleines Gedenkmuseum. Nahebei, auf Nummer 28, schwang Joseph Lanner, der härteste Rivale des Walzerkönigs im Kampf um die Gunst des Publikums, seinen Dirigentenstab im Dreivierteltakt. Die merkwürdige Nachbildung eines venezianischen Palazzo schließlich, der *Dogenhof* auf Nr. 70, ist ein Andenken an „Venedig in Wien", eine von Kanälen durchzogene und mit Gondeln befahrbare Miniaturstadt, die vor 100 Jahren in dieser Gegend Heerscharen vergnügungssüchtiger Wiener anlockte.

All das ist Vergangenheit. Der Gegenwart begegnet man reichlich eindeutig in den angrenzenden engen Quergassen, ein nachts ziemlich quirliges Rotlichtviertel. Mittendrin, in der alten Getreidebörse auf der Taborstraße, hat der Regisseur Erwin Piplits vor einigen Jahren eine Bühne installiert, das *Odeon*. Die Aufführungen seines „Serapionsensembles", eine Art nonverbalen,

aber umso tiefgründigeren Mysterienspiels, genießen in der internationalen Theaterwelt einen hervorragenden Ruf (s. S. 30).

Vor 1938 hieß die Leopoldstadt im Volksmund *Mazzesinsel*, nach dem ungesäuerten Brot der Juden. Sie bildete seit Anfang des 17. Jhs., als Ferdinand II. das Ghetto einrichten ließ, das Wiener Zentrum jüdischen Lebens. Dann das furchtbare Ende, Deportation und Holocaust, dem von Wiens zuletzt 183 000 jüdischen Mitbürgern 181 000 zum Opfer fielen.

Nach dem Krieg suchte man in den Gäßchen rund um den *Karmeliterplatz* ❸ – in der Großen Sperlgasse, Hollandstraße, Großen Schiffgasse und wie sie alle heißen – vergeblich nach Spuren der alten Tradition. Erst in den letzten beiden Jahrzehnten ist die örtliche jüdische Bevölkerung vor allem durch Einwanderer aus den Gebieten der ehemaligen Sowjetunion, aber auch durch Rückkehrer aus Israel von knapp 5000 auf geschätzte 20 000 angewachsen. Heute kann man wieder Passanten in orthodoxer Tracht begegnen, kann zumindest eine Handvoll koschere Läden und Lokale, ja neuerdings sogar ein jüdisches Gymnasium finden.

Die letzte Station dieser Erkundungstour liegt an der Grenze zwischen dem 2. Bezirk, der Leopoldstadt, und dem 20., der Brigittenau: der

★ **Augarten**. Höchst wechselhaft klingt die Geschichte des 52 ha großen Parks. Ursprünglich war der Auwald wie alle Wälder rund um die Residenzstadt kaiserliches Jagdrevier. Erst Ferdinand III. machte aus dem Gebiet um 1650 einen kleinen Garten. Sein Sohn, Leopold I., dehnte den Besitz auf seine heutige Größe aus und baute darauf ein Schloß, die alte Favorita. Sie ging während der Türkenbelagerung in Trümmer. Ende des 17. Jhs. wurde dann das heutige Augartenpalais im Stil der architektonischen Kunstwerke Johann Bernhard Fischer von Erlachs errichtet. 1712 trimmte der Gartenarchitekt Jean

Trehet, der zur selben Zeit mit dem Park des neuen Schlosses von Schönbrunn beschäftigt war, im Auftrag Karls IV. die Anlage nach der neuen, der französischen Barockmode: Er legte die Alleewege nach streng geometrischen Mustern an, stutzte die Bäume gleichsam mit Lineal und Wasserwaage zurecht und ließ zur Erbauung der Flaneure allerlei Statuen aufstellen.

Joseph II. schließlich öffnete das Gelände 1775 dem Volk. Eine Inschrift über dem Eingangsportal, das Isidor Canevale zu dem freudigen Anlaß schuf, zeugt noch heute von der edlen Tat: „Allen Menschen gewidmeter Erlustigungs-Ort von ihrem Schätzer".

Die UNO-City, eine Stadt in der Stadt.

4

Die Wiener ließen sich nicht zweimal bitten und inszenierten die Erlustigung mit Hingabe. Ignaz Jahn etwa, seines Zeichens Traiteur (oberster Küchenchef) des Hofes, eröffnete ein „kulinarisches Kulturinstitut", in dem Wiens Schickeria neben den raffiniertesten Gaumenfreuden auch von Mozart und Beethoven dirigierte Morgenkonzerte genoß. Der Augarten mutierte zum Freiluftballsaal, der noch von den Delegierten des Wiener Kongresses mit Begeisterung besucht wurde.

Danach freilich begann der Glanz zu verblassen. Der Tiefpunkt war im Zweiten Weltkrieg erreicht, als man den monströsen Flakturm errichtete und auf den Wiesen Schutt ablagerte. Nach 1945 wurde der Augarten zur Heimat zweier Wiener Institutionen: Im barocken Schloß ㊱, zu dem Touristen allerdings keinen Zutritt haben, leben und lernen seit 1948 die Wiener Sängerknaben.

Perfekt für die Vitrine zu Hause: Augartenporzellan.

In die ehemalige Orangerie zog die * Porzellanmanufaktur Augarten ein. 1718 von

Weltberühmte Engelsstimmen: die Wiener Sängerknaben.

dem Niederländer Du Paquier gegründet, hatte sie ihren Sitz anfangs in der Porzellangasse im heutigen 9. Bezirk. Spätestens nachdem Kaiserin Maria Theresia sie 1744 in staatlichen Besitz überführt hatte, zählte die Manufaktur dank der Vielfalt und Qualität ihrer handgemalten Dekors trotz der Konkurrenz von Sèvres, Meißen und Nymphenburg zu den führenden einschlägigen Unternehmen Europas. Ihre Barock-, Rokoko- und später auch Empire-Designs entsprachen jeweils perfekt dem Zeitgeist und füllten in jedem Palais und jeder bürgerlichen Wohnung die Vitrinen.

Heute gehört die Manufaktur der Stadt Wien und setzt die alte Tradition mit großem Erfolg fort (Führungen, in deren Verlauf man den Herstellungsvorgang im Detail mitverfolgen kann, finden von April bis September jeweils Mo, Di und Mi 9.30 Uhr statt).

Herzige Buberl mit Gold in den Kehlen

Wer die weltberühmten Wiener Sängernkaben live hören will, hat dazu zwei Möglichkeiten. Von Januar bis Anfang Juli und Mitte September bis Dezember singen sie jeden Sonn- und kirchlichen Feiertag um 9.15 Uhr die Messe in der Burgkapelle der Hofburg. Karten für Sitzplätze sollten Sie mindestens acht Wochen im voraus bei der Hofmusikkapelle, Hofburg, A-1010 Wien, bestellen (Abholung und Bezahlung der Karten jeweils eine halbe Stunden vor Beginn der Messe). In den Monaten Mai, Juni, September und Oktober treten die Goldkehlchen jeden Freitag um 15.30 Uhr im Konzerthaus mit einem gemischten Programm aus Motetten, Madrigalen alter Meister, Walzermusik und Volksliedern auf. Karten in allen guten Hotels oder über ☎ (01) 58804/141, 🖷 5871268.

***Schönbrunn

Ein schöner, sonniger Morgen? Dann ist dies so ganz ein Tag für Wiens berühmteste Touristenattraktion: die ehemalige Sommerresidenz der Habsburger. Für Museen und Kunstgalerien tun´s zur Not auch Regentage, Schönbrunn aber will bei strahlend blauem Himmel besucht werden, dann stellen sich Heiterkeit und Lebenslust ganz von selbst ein. Vier bis fünf Stunden Zeit sind mitzubringen. Denn wenn auch die Führung durch das Schloß maximal 40 Minuten in Anspruch nimmt, um den Zauber der ganzen Anlage mitsamt dem barocken Park und den darin verstreuten vielen kleineren Sehenswürdigkeiten auf sich wirken zu lassen, braucht es Muße.

Eine Hoffnung sollten Sie freilich zumindest in der Hochsaison, also von April bis Oktober, erst gar nicht hegen: das Schloß für sich allein zu genießen. Schönbrunn ist Österreichs meistbesuchtes Touristenziel. Über 10000 Menschen lassen sich an Sommertagen durch seine Säle schleusen. Die viel zu wenigen Parkplätze sind dann mit Bussen und Pkws heillos überfüllt. Und auch für den Fußmarsch von der U-Bahnstation „Schönbrunn" (Linie 4) durch das Meidlinger Tor zum Schloß bräuchte es keine Richtungsschilder, so eindeutig weist die Menschenmenge den Weg. Steht man freilich erst einmal inmitten des 24000 m² großen Ehrenhofs – hinter sich die zwei adlergekrönten Obelisken, die das Haupttor flankieren, vor sich die mächtige ockergelbe Fassade des Schloßgebäudes – empfindet man die Besucher kaum als störend, sondern vielmehr als Bestandteil eines barocken Spektakels. Bevor Sie sich nun in die Warteschlangen einreihen, um ein Ticket für die Innenbesichtigung zu ergattern, empfiehlt es sich, zuerst rechts am Hauptgebäude vorbei, durch den sogenannten Kammer- und Kronprinzengarten in den barocken *Schloßpark* zu wandern. Kunstvoll arrangierte Blumenbeete, geschniegelte Kieswege und schnurgerade Alleen, gesäumt von nach französischem Vorbild gestutzten Bäumen und Hecken; dazu Kunst- und Naturdenkmäler, die vom barocken Geist ihrer Schöpfer ebensoviel erzählen wie die schönsten Prunkgemächer, – es ist, als könnte die kaiserliche Kutsche auf ihrer Lustfahrt jederzeit um die Ecke biegen.

Blick von der Gloriette auf Schloß Schönbrunn.

In der vom Schloß gesehen linken Hälfte des Gartenparterres findet man eine romantisch überwucherte Römische Ruine, ein Taubenhaus, einen Kaskadenbrunnen samt Obelisk, eine Meierei, in der Kaffee und Kuchen serviert werden, und jenen Schönen Brunnen, der, einst von Kaiser Matthias entdeckt, der ganzen Anlage ihren Namen gab und dessen klares Wasser seit 1758 aus einer künstlich angelegten, mit einer Figur der Quellnymphe Egeria geschmückten Grotte sprudelt.

Im rechten Parkteil entdecken Sie außer den allgegenwärtigen antikischen Götter- und Heldenstatuen einen wunderschönen Rosengarten und einen Botanischen Garten, daneben das *Palmenhaus* und das *Schmetterlingshaus* – zwei monumentale verglaste Gußeisenkonstruktionen aus dem vorigen Jahrhundert, die reichhaltige Sammlungen exotischer Pflanzen bzw. Falter beherbergen. Der * *Tiergarten* mit seinen ringförmig angeordneten Gehegen und dem Mittelpavillon, in dem Mitglieder des Herrscherhauses ihre Jause zu sich nahmen,

Die Tropen mitten in Wien: das Palmenhaus.

entstand bereits 1752. Er ist die älteste erhaltene Menagerie der Welt.

Ein Stück Schönbrunn von ganz spezifischem Reiz ist die * Gloriette, jener klassizistische Kolonnadenbau, der die Hügelkuppe gegenüber dem Schloß beherrscht. Sie wurde 1775 zur Erinnerung an den österreichischen Sieg bei Kolin über die Armee Friedrichs II. von Preußen errichtet, wobei Säulen und Arkadenteile von einem im Südosten Wiens gelegenen, längst verfallenen Renaissanceschloß Maximilians II. verwendet wurden. Ein Spaziergang über die Serpentinenwege hinauf zu dem luftigen, aus einem dreibogigen Triumphtor und zwei vierbogigen Seitenflügeln bestehenden Gebäude verspricht eine prächtige Aussicht auf das Schloß und die Stadt.

Wer mag diesen Blick nicht alles schon genossen haben: Kaiser Maximilian II., der an der hügeligen und damals noch unverbauten, waldreichen Umgebung Gefallen fand, den Landstrich samt der mittelalterlichen, von den Türken zerstörten Kattermühle 1559 kaufte und sich ein erstes Jagdschlößchen baute; die italienische Prinzessin Eleonore von Gonzaga, die das Schloß zusammen mit ihrem kaiserlichen Gemahl Ferdinand II. wiederaufbaute und zu ihrer Sommerresidenz machte, nachdem es erneut verwüstet worden war, diesmal von den Ungarn unter der Führung Stephan Bocskays; und schließlich der begnadete Architekt des Barocks, Johann Bernhard Fischer von Erlach, nachdem Schönbrunn ein letztes Mal (während der Türkenbelagerung von 1683) praktisch dem Erdboden gleich gemacht worden war: Seine im Auftrag Leopolds I. entworfenen Pläne liefen auf eine wahrhaft gigantomanische Palastanlage hinaus. Das Hauptgebäude sollte an der Stelle der heutigen Gloriette stehen und über unendlich lange Seitentrakte, Säulengänge und Wasserfälle mit dem Gartenparterre verbunden sein. Das Vorbild, das es zu übertreffen galt, war das eben in Bau befindliche Versailles.

Sei es, daß dem Kaiser der allzu protzige Stil mißfiel, sei es, daß schlicht das Geld nicht reichte, ausführen ließen er und seine Erben jedenfalls eine weit bescheidenere Version. Sie war 1713 vollendet. Seine endgültige, heutige Form erhielt der Palast auf Initiative von Kaiserin Maria Theresia. Der junge Architekt Nicolaus Pacassi entfernte die Giebel, zog im Mitteltrakt ein Mezzaningeschoß ein und fügte – dem Stil des Rokoko verpflichtet – Balkone und seitliche Treppen, Galerien und die Säulenhalle hinzu. Joseph II. und Leopold II. veranstalteten in dem nun endlich auch wohnlichen Schloß prunkvolle Feste. 1805 und für kurze Zeit nochmals 1809 nahm Napoleon in ihm Quartier.

Von allen Habsburgern entwickelte Kaiser Franz Joseph das engste Verhältnis zu Schönbrunn. In seinen Mauern erblickte er im August 1830 das Licht der Welt, und hier nahm er im November 1916 von ihr Abschied. Während seiner 68jährigen Regentschaft (1848–1916) wurde der 180 m lange Gebäudekomplex neben der Hofburg zum zweiten Regierungssitz und zu einem Schauplatz der Weltpolitik. Der deutsche Kaiser Wilhelm I., Zar Alexander II., Belgiens König Leopold und Sultan Abdul Aziz aus Istanbul – an prominenten Gästen fehlte es nicht. Und auch in heutiger, republikanischer Zeit führt fast jeden offiziellen Besuch der Weg hinaus nach Schönbrunn.

1441 Zimmer – Kabinette und Kammern, Prunksäle und Salons – umfaßt das gesamte Schloß. Gerade 40 sind für Touristen zugänglich. Freilich sind es die prunkvollsten und intimsten, darunter das Arbeits- und Schlafzimmer des Kaisers und seiner Frau Elisabeth, die Gemächer der Familie, diverse chinesische Kabinette, das *Vieux-Laque-Zimmer* mit seinen ostasiatischen Lacktafeln, in dem Maria Theresia als Witwe lebte, das mit Brüsseler Gobelins behängte *Napoleonzimmer*, das mit kostbarsten Hölzern und indischen Miniaturen getäfelte *Millionenzimmer* und die 43 m lange *Große Galerie,* die mit ihren kolossalen vergoldeten Holz-lüstern und reichen Stuckornamenten noch heute einen unüberbietbar feier-lichen Rahmen für Festbankette und Bälle bietet.

Wer nach der Schloßbesichtigung noch Schaulust verspürt, kann sie in der ★ *Wagenburg* stillen, wo die histori-schen Wagen, Schlitten und Sänften des Kaiserhauses samt Zubehör gezeigt werden. Besondere Schmuckstücke sind die Staatskarosse Karls VI., ein Achtspänner im Rokokostil, die Kinder-kutsche des Herzogs von Reichstadt, je-ne Kutsche, mit der Kaiserin Elisabeth 1898 unerkannt nach Genf reiste, so-wie die roten Trauerkutschen für die

Der Tiergarten wurde von Franz I. Stephan angelegt.

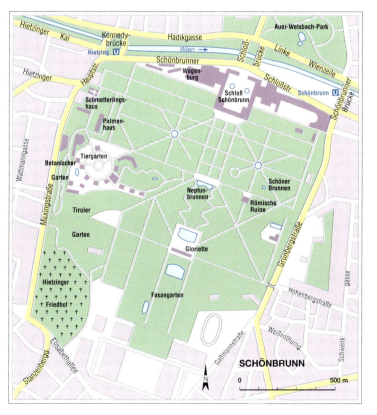

Bestattungen der Erzherzöge und die schwarzen für die der Kaiser.

In einem benachbarten Seitentrakt verbirgt sich das *Schloßtheater,* das einzige noch bestehende Rokokotheater Wiens. In ihm traten einst Haydn und Mozart, ja sogar Mitglieder der Familie Maria Theresias auf. Gegenwärtig nutzen sowohl die Wiener Kammeroper als auch das nahegelegene Max-Reinhardt-Seminar (die Talentschmiede für das Burg- und andere Theater) die Bühne für Aufführungen. Leider häufig versperrt ist die entzückende frühbarocke *Schloßkapelle,* aber vielleicht haben Sie Glück: Sie enthält ein Deckenfresko von Daniel Gran und ein Altargemälde von Paul Troger.

Wer Schönbrunn von früher kennt und heute aufmerksam durch Schloß und Garten geht, wird eine deutliche Veränderung wahrnehmen. Noch vor ein paar Jahren war die Anlage merkbar vernachlässigt. Zwar hatte man 1980, zum feierlich begangenen 200. Todestag Maria Theresias, die Gebäudefassaden aufwendig renoviert. Doch viele Brunnen lagen trocken, Nebengebäude waren in desolatem Zustand und die verborgenen Attraktionen des weitläufigen Areals kaum beworben. Wohl deshalb legte man im Zuge der österreichweiten Privatisierung vieler Staatsbetriebe Anfang der 90er Jahre auch die Geschicke des großen Touristenmagneten in die Hände einer privaten Betreibergesellschaft. Diese unterzieht Schönbrunn seither einer konsequenten Verjüngungskur, ohne allerdings seine spezifische, viel melancholische Atmosphäre allzu sehr anzutasten. So wurden etwa der Ticketverkauf und die Führungen straffer organisiert, eröffnete ein Museumsshop mit einem umfangreichen Angebot an Souvenirs. Des Nachts gleißen Schloß und Gloriette neuerdings im Scheinwerferlicht. Am Rand des Tiergartens wurde der alte *Tirolerhof,* ein historischer Schaubauernhof, wiederaufgebaut und dient nun als Jausenstation. Der Neptunbrunnen am Fuße des Glo-

riettehügels erfuhr eine Generalrenovierung. In der Römischen Ruine finden den Sommer hindurch abends sehr respektable Opernaufführungen statt, und so weiter und so fort. Auch das kulinarische Angebot wurde stark vergrößert: Ein Gourmettempel hat seine Pforten geöffnet, im Pavillon des Tiergartens werden kleine Speisen serviert, und in der Gloriette wird man aller Voraussicht nach bald wieder die Möglichkeit haben, wie Maria Theresia annodazumal in luftiger Höhe und durch Glastüren vor dem Wind geschützt einen Kaffee oder Imbiß zu nehmen.

Öffnungszeiten

Schauräume: April–Okt. tgl. 8.30–17, Nov.–März tgl. 8.30–16.30 Uhr. Ausführliche Besichtigung (40 Zimmer) mit Führung, Kurzversion (22 Zimmer) ohne Führung. ❶ und Reservierung: ☏ 8 11 13/2 39, 🖷 8 11 13/3 33.

Gloriette: Mai–Sept. tgl. 9–18, Okt. 9–17 Uhr.

Wagenburg: Nov.–März tgl. außer Mo 10–16, April und Okt. tgl. 9–17, Mai–Sept. tgl. 9–18 Uhr.

Tiergarten: Nov.–Jan. tgl. 9–16.30, Feb., Okt. tgl. 9–17, März tgl. 9–17.30, April tgl. 9–18, Mai–Sept. tgl. 9–18.30 Uhr.

Palmenhaus: Mai–Sept. tgl. 9.30–17.30, Okt.–April tgl. 9.30–16.30 Uhr.

Schmetterlingshaus im Sonnenuhrhaus: Mai–Sept. tgl. 10–16.30, Okt.–April 10–15 Uhr.

Park: tgl. 6 Uhr bis Einbruch der Dunkelheit.

Karten für Schloßkonzerte unter ☏ 8 17 21 78, für Freiluft-Oper und Schloßtheater ☏ 8 76 42 72 oder 8 76 42 73, für Marionetten-Theater ☏ 8 17 32 47.

Abseits der Wege

Auch abseits der touristischen Schneisen wartet Wien mit so manchen architektonisch und historisch hochinteressanten Kunstdenkmälern auf. Zu erreichen sind sie leicht, auch jene, die etwas außerhalb liegen: Wiens öffentliches Nahverkehrssystem ist vorbildlich.

Ein wenig stiefmütterlich wird im Rahmen der gängigen Sightseeing-Programme gerne der westliche Abschnitt der Ringstraße behandelt, dabei finden sich auch hier stattliche Exemplare des monumentalen Historismus, der die gesamte Prachtallee prägt. Der wuchtige Block der

Prunkkarossen der Habsburger in der Wagenburg.

Universität wurde 1873 bis 1884 nach einem Entwurf von Heinrich Ferstel im Stil der italienischen Renaissance erbaut. Die Alma mater, von Erzherzog Rudolf IV., dem Stifter, gegründet, blickt bis ins Jahr 1365 zurück. Damit ist sie die älteste im jetzigen deutschen Sprachraum und nach Prag und Krakau die drittälteste in Mitteleuropa. Der begrünte, stille Arkadenhof birgt zahlreiche Denkmäler für hervorragende Wissenschaftler. (U-Bahnstation „Schottentor".)

Angrenzend an den *Sigmund-Freud-Park* (der Begründer der Psychoanalyse hätte sich zu seinen Ehren sicher eine etwas ruhigere Grünanlage gewünscht) reckt unübersehbar die

Aura des Geistes: im Arkadenhof der Universität.

*Votivkirche ihre 99 m hohen Zwillingstürme empor. Das Gotteshaus mit dem Äußeren einer französischen Kathedrale des 13.Jhs. entstand auf Initiative Erzherzog Maximilians, des späteren Kaisers von Mexiko. 1853 war dessen Bruder, Kaiser Franz Joseph, glücklich einem Attentat entgangen. Eine aus Spendengeldern finanzierte Dank- und Sühnekirche sollte an das Ereignis erinnern. Architekt wurde der zur Zeit der Grundsteinlegung erst 28jährige Heinrich Ferstel.

Noch bevor es am 24. April 1879 anläßlich der Silberhochzeit des Kaiserpaares zur Einweihung des neogotischen Riesenbaus kam, wurde etwas weiter, am Schottenring 16, nach nur sechsjähriger Bauzeit ein weiteres Monument der Ringstraßenarchitektur eröffnet, die

Börse. Das antikisch anmutende Gebäude mit seiner augenfälligen ziegelroten Fassade ist ein Werk des dänischen Architekten Theophil Hansen. Sein Innenbereich wurde 1956 nach einem Brand von Erich Boltenstern umgestaltet, der auch für das letzte, eher atypische Gebäude an der Ringstraße verantwortlich zeichnet, den

Ringturm an der Ecke zum Franz-Josefs-Kai. Die 23 Stockwerke dieses äußerst schlichten, in den 50er Jahren erbauten Hochhauses galten den Wienern in der Nachkriegszeit als stolzes Symbol für ihre Modernität.

Ein bis heute überaus nützliches Kuriosum ist der 20 m hohe Wetterleuchtturm auf dem Dach: Er wird auf elektronischem Weg von der Zentralanstalt für Meteorologie auf der Hohen Warte gesteuert und signalisiert mittels farbiger Lichtzeichen die Wetterprognose für den kommenden Tag. Wenn Sie etwa rote Lämpchen blinken sehen, drohen Gewitter und Sturm. Weiß prophezeit Schnee und Straßenglätte. Wenn sämtliche grünen Lämpchen leuchten, bleibt das Wetter, wie es ist. Blinken die Lichter aufsteigend von unten nach oben, können Sie – sofern Sie an Wet-

tervorhersagen glauben – den Regenschirm im Hotel lassen und sich auf einen schönen Tag vielleicht in Schönbrunn freuen. Blinken sie aber in Gegenrichtung, so ziehen Wolken auf; dann stehen die vielen Kunstsammlungen Wiens höher im Kurs, vielleicht zeitgenössische Werke im

*Palais Liechtenstein. Der prachtvolle Barock-Palast, an der Wende vom 17. zum 18.Jh. von dem Italiener Domenico Martinelli erbaut, beherbergt das staatliche *Museum Moderner Kunst.* Gezeigt werden wichtige Werke aus so gut wie allen Stilrichtungen des 20.Jhs. – Realismus, Surrealismus, geometrische Abstraktion, Informel, Pop Art, Happening, Objekt- und Aktionskunst. Andrea Pozzos barockes Deckenfresko im Mittelsaal und die originalen Ausstattungsstücke Santino Bussis, Johann Michael Rottmayrs und anderer bilden einen reizvollen stilistischen Kontrast. (☾ tgl. außer Mo 10–18 Uhr; 9. Bezirk, Fürstengasse 1; Straßenbahn Linie D bis Haltestelle Fürstengasse.)

Wiens zweites großes Zentrum für Gegenwartskunst ist das

*Museum des 20. Jahrhunderts, besser bekannt unter der saloppen Bezeichnung „Zwanzgerhaus". Der moderne Stahl-Glas-Bau wurde ursprünglich von Karl Schwanzer als Österreich-Pavillon für die Brüsseler Weltausstellung 1958 errichtet, 1960 dann nach Wien transportiert und nach einigen baulichen Veränderungen als Museum für Kunstwerke unseres Jahrhunderts eröffnet. Seit dem Umzug der Sammlung Moderner Kunst in das Palais Liechtenstein dient es vorwiegend Sonderausstellungen zeitgenössischer Arbeiten. In seinem Garten sind das ganze Jahr über Skulpturen prominenter Bildhauer wie Arp, Avramidis, Rodin und Wotruba zu sehen. (☾ tgl. außer Mo 10–18 Uhr; 3. Bezirk, Schweizer Garten; Straßenbahn Linie D bis Südbahnhof.)

Gleich hinter dem Zwanzgerhaus liegt der weitläufige Gebäudekomplex des

*Arsenals**. Sein romantisch anmutender byzantinischer Stil darf über seine wahren Zwecke nicht hinwegtäuschen. Es entstand zur Mitte des 19. Jhs., unmittelbar nach dem Volksaufstand im Revolutionsjahr 1848, zur Fabrikation und Lagerung von Kriegsgerät jeglicher Art.

Eines der ursprünglich 72 Einzelgebäude beherbergt heute das *Heeresgeschichtliche Museum*. Die Sammlung informiert umfassend über die Geschichte der österreichischen Armee vom frühen 17. bis in das frühe 20. Jh. Ein eigener Gedenkraum erinnert an das Attentat von Sarajewo 1914, das den Ersten Weltkrieg auslöste; angesichts des durchschossenen Uniformrocks Erzherzog Franz Ferdinands, ausgestellt wie die Reliquie eines Märtyrers, sind die Gefühle allerdings zwiespältig. (○ tgl. außer Fr 10–16 Uhr; 3. Bezirk, Arsenal, Objekt 18.)

Von ganz anderer Art ist nördlich der Innenstadt im 19. Bezirk der

*Karl-Marx-Hof**. Die städtische Wohnhausanlage entstand 1927–1930 nach Plänen von Karl Ehn und wurde schon früh als Symbol für das „Rote Wien" gesehen, wie die damals sozialdemokratisch regierte Stadt bezeichnet wurde. Sie hatte nach dem Zusammenbruch der Donaumonarchie und der Reduzierung des Staatsgebietes auf ein Siebtel seiner Größe ein enorm schweres Erbe angetreten. Ein Drittel aller Österreicher lebte in Wien. Es fehlte an menschenwürdigem Wohnraum. Innerhalb von nur 15 Jahren gelang es, 60000 neue Wohnungen zu schaffen, die die Arbeiter aus ihren schäbigen Mietskasernen befreiten. Allein 1600 Einheiten umfaßte der 1200 m lange Karl-Marx-Hof.

Wer ihn betritt, hat schnell den Eindruck einer Burganlage. Die Gebäude umschließen mehrere Innenhöfe, sie wir-

Museum Moderner Kunst im Palais Liechtenstein.

Das Arsenal diente einst kriegerischen Zwecken.

Einer Burganlage nicht unähnlich: Karl-Marx-Hof.

Von Särgen, Ziegeln und Zirkusclowns

Wiens skurrile Museen

Wien verfügt über 86 Museen – fast doppelt so viele wie München, das angeblich nach Berlin die höchste Museumsdichte aller deutschen Städte aufweist. Tatsächlich läßt sich in der alten Kaiserstadt besonders lustvoll in der Geschichte schmökern. Mozart, Kaisergruft, Schatzkammer und Römerruinen … – jede Facette der Vergangenheit hat ihren Schrein. Was Touristen freilich häufig übersehen, sind die versteckten musealen Blüten, Sammlungen von Spezialisten für Spezialisten.

Kaum jemand beachtet etwa das *Bestattungsmuseum* (4. Bezirk, Goldeggasse 19, ◷ Mo–Fr 12–15 Uhr und nach Vereinbarung, ☎ 50195-227), das mit unnachahmlich makabrem Ernst über Sarg- und Urnenmodelle, Trauerlivreen, Leichenwägen und vielerlei andere Accessoires des Totenkults informiert. Ein besonders hübsches Ausstellungsstück ist der Sparsarg, den Kaiser Joseph II. einzuführen versuchte: Der spartanische Holzsarg ließ sich mittels einer Vorrichtung an der Unterseite öffnen, so daß die Totengräber den Verblichenen nach erfolgter Trauerfeier ohne letzte Behausung in die Grube fallen ließen, den Sarg hochzogen und wiederverwendeten.

Auch das *Esperantomuseum* in der Hofburg (◷ Mo, Fr 10–16, Mi 10–18 Uhr) leidet unter chronischer Mißachtung. Lediglich Linguisten pflegen sich für den Werdegang der künstlichen Weltsprache zu interessieren. Dank gelegentlicher Sonderveranstaltungen etwas mehr im Rampenlicht steht das *Tabakmuseum,* eine Hommage an den blauen Dunst (7., Mariahilfer Str. 2 ◷ Di–Fr 10–17, Sa, So, Fei 10–14 Uhr). Hingegen fristen das *Ziegelmuseum* (14., Penzingerstr. 59, ◷ Fr 9–12, Sa 14.30–17, So 10–12 Uhr) und das *Zirkus- und Clownmuseum* (2., Karmeli-

tergasse 9, ◷ Mi 17.30–19, Sa 14.30–17, So 10–12 Uhr) ein Mauerblümchendasein: Wer interessiert sich schon für alte Clowngesichter und die Entwicklung des Ziegels vom römischen Lagerziegel bis zu Ytong?

Zu den gelinde gesagt skurrilen Sammlungen gehört auch das *Pathologisch-Anatomische Bundesmuseum* (9., Spitalgasse 2, ◷ Mi 15–18, Do 8–11 Uhr, im Aug. geschl.). Es ist im sog. Narrenturm untergebracht, einem 200 Jahre alten düsteren Kotter, in dem einst Geisteskranke hausten. Menschen mit einem Faible für Gruselig-Abartiges jedoch können sich am Anblick Eiserner Lungen, verkrüppelter Skelette, aus Wachs nachgebildeter Tumore und in Formalin konservierter Föten delektieren. Nicht zu vergessen die Sammlung von Gallen- und Nierensteinen des Professors Leopold Ritter von Dittel.

Von einzigartigem Charme ist die Wachspräparatesammlung des *Museums für Geschichte der Medizin* im Josephinum (9., Währinger Str. 25/1, ◷ Mo–Fr 9–15 Uhr). Dort sieht man wunderschöne wächserne Blondinen und edle Männer in Vitrinen malerisch hingestreckt – den Leib vom Hals bis zum Nabel fein säuberlich geöffnet, auf daß die angehenden Doktores annodazumal das Innenleben des Menschen anschaulich studieren konnten.

Irgendwie paßt auch das *Sigmund-Freud-Museum* (9., Berggasse 19, ◷ tgl. 9–16 Uhr) in diesen Zusammenhang. Die Ordinationsräume des legendären Begründers der Psychoanalyse sind original ausgestattet. Wesensverwandt ist das *Sexmuseum* im Wurstelprater (2., Straße des 1. Mai 51a, ◷ tgl. 12–24 Uhr), übrigens Europas bislang einziges seiner Art. Rund 300 „Sexponate" hat sein Direktor, ein Erotomane namens Josef Schwingsmehl, bisher aus aller Welt zusammengetragen.

ken abweisend und wehrhaft. Welch realen Hintergrund die Idee von der Solidarisierung nach innen, Abwehr nach außen hatte, erwies sich schon 1934, als der spätexpressionistische Riesenblock während des Bürgerkriegs im Zentrum der Auseinandersetzungen zwischen den regierungstreuen Truppen der austrofaschistischen Heimwehr und den Widerstandskämpfern des republikanischen Schutzbunds lag. Seine eigenwillig rot getünchte Fassade wurde vom Militär mehrmals mit Feldhaubitzen beschossen. (Heiligenstädter Straße 82–92; Straßenbahnlinie D bis Gunoldstraße.)

Makaber, makaber – Exponate im Bestattungsmuseum.

Architektonisch interessante Kleinode, die nicht viele Bewohner Wiens kennen, versammelt vor allem der Westen der Stadt. Abgesehen von den wegweisenden Werken Otto Wagners (s. S. 93) ist vor allem die

Werkbundsiedlung die kleine Anreise in den 13. Bezirk (Hietzing) wert. Sie entstand auf Initiative des Werkbundes, eines Vereins zur Förderung material- und formgerechter handwerklicher Qualitätsarbeit. Aus Anlaß der internationalen Werkbundausstellung 1930 entwarfen unter der Leitung Josef Franks namhafte Architekten aus dem In- und Ausland Typen- und Reihenhäuser mit Wohnungen auf kleinstem Raum, die dann die Wiener Stadtverwaltung bauen ließ. An dem Projekt, das als eine der wichtigsten Manifestationen der Moderne in Österreich gilt, nahmen unter anderem Clemens Holzmeister, Gerrit Rietveld, Josef Hoffmann, Adolf Loos, Hugo Häring, Anton Brenner, Oswald Haerdtl, Margarete Schütte-Lihotzky und Richard Neutra teil.

Skurriles um den blauen Dunst: das Tabakmuseum.

Die Siedlung ist natürlich bewohnt und deshalb nur von außen zu besichtigen. (Jagdschloßgasse/Veitingergasse; Buslinien 54B und 55B ab U-Bahnstation Ober St. Veit, Linie 4.)

Hietzing war übrigens seit jeher ein wohlhabender Bezirk. Welcher Prestigegewinn, in räumlicher Nähe zum

Nicht nur für Kinder: Zirkus- und Clownmuseum.

Kaiser zu wohnen! Im Umfeld des Schlosses Schönbrunn stehen auch einige architekturhistorisch höchst interessante Villen.

Die *Villa Steiner* (St.-Veit-Gasse 10) zum Beispiel ist das erste von Adolf Loos neu erbaute Haus und läßt dessen Grundprinzipien einer strengen Gliederung und Raumökonomie bereits gut erkennen. Mit dem *Haus Scheu* (Larochegasse 3), erbaut 1912–1913, verwirklichte er erstmals die Idee des Terrassenhauses.

Von Josef Hoffmann stammt die 1913–1915 erbaute *Villa Skywa-Primavesi* (Gloriettegasse 18). Das streng symmetrische repräsentative Gartenwohnhaus ist scheinbar dem Klassizismus verpflichtet, wirkt aber durch die schmalen, hohen Fenster und die wuchtige Gestaltung der horizontalen Linien gedrungen und schwer.

Obwohl schon außerhalb der Grenzen Wiens gelegen, sei an dieser Stelle auch das *Sanatorium Purkersdorf* von 1904 erwähnt. Es gilt als zentrales Werk im Schaffen Josef Hoffmanns, bei dem die Reduktion auf streng geometrische Elemente perfekt gelungen ist. Das 1926 von Leopold Bauer aufgestockte Gebäude wurde übrigens erst kürzlich renoviert (Purkersdorf, Wienerstraße 74; Schnellbahn ab Westbhf. bis Station „Purkersdorf-Sanatorium").

Südlich des 13. liegt der 23. Bezirk. Dort steht auf dem Georgenberg, am Rande des erholsamen Lainzer Tiergartens, die

*✶**Kirche Zur Heiligsten Dreifaltigkeit.** Sie wurde nach dem Konzept des Bildhauers Fritz Wotruba zwischen 1965 und 1976 aus geschichteten glatten Betonkuben gestaltet, zwischen die Glasflächen von individueller Größe eingefügt sind – eine der originellsten architektonischen Schöpfungen der Stadt. (Maurer-Lange-Gasse 137; U-Bahnstation „Hietzing" der Linie 4, danach Straßenbahn 60 bis Maurer Hauptplatz, von dort Bus Linie 60A.)

Ausflüge

Grinzing, Kahlenberg und Leopoldsberg

Ein Spaziergang durch die romantischen Gassen von Heiligenstadt oder Grinzing ist ein vortrefflicher Abschluß des Tages, nicht nur weil man die letzten Sonnenstrahlen am schönsten in einem Heurigen zu Füßen mitten in der Stadt gelegener Weinberge genießt. Wenn Sie gut zu Fuß sind, können Sie durch die Weingärten bis auf die Gipfel der beiden Wiener Hausberge wandern – zwei bis drei Stunden sind dafür ausreichend. Schämen Sie sich nicht, wenn beim Anblick herrlicher, riesiger Villen in wunderschönen parkähnlichen Gärten ein klein wenig Neid in Ihnen aufsteigt – das großartige Stadtpanorama gehört dafür der Allgemeinheit.

Für all jene, die vom Besichtigungsprogramm schon etwas müde sind: Grinzing sowie der Kahlen- und Leopoldsberg sind auch per Bus mit der Linie 38A von der U-Bahnstation „Heiligenstadt", Linien U4 und U6, erreichbar.

Viele ehemalige Dörfer an der Stadtperiphere, die im vorigen Jahrhundert eingemeindet wurden, haben ihre Tradition als Weinbaugemeinden bis in die Gegenwart bewahrt. Nußdorf, Sievering, Salmannsdorf und Neustift zum Beispiel, aber auch Mauer und Oberlaa im Süden sowie Strebersdorf und Stammersdorf nördlich der Donau gelten unter Einheimischen als Refugien der Gemütlichkeit, in deren zahlreichen Heurigenlokalen sich an lauen Sommerabenden gut sitzen läßt. Jeder Wiener hat seinen Stammheurigen, behält die Adresse aber gerne für sich. Wer Freunde in Wien hat, erfährt vielleicht das Glück, an einen geheimnisvollen

Ort mitgenommen zu werden, dorthin wo Wiener unter Wienern sitzen und kein fremdes Idiom stört, das nicht zwischen Heurigem und Spätlese unterscheiden kann, aber seine Weinseligkeit lauthals herausplärrt. Für unbegleitete Gäste der Stadt ist freilich das nach dem Geschlecht der Grunzingen, die hier schon im 12. Jh. ihren Adelsitz hatten, benannte **Grinzing** der Inbegriff eines Heurigenorts. Entlang der Sand- und Cobenzlgasse und Grinzinger Straße reihen sich einschlägige Gartenschenken im Dutzend. Sie haben Namen wie „Bach-Hengl", „Feuerwehr-Wagner", „Martin Sepp-Beisel" und „Zum 6er" und bieten ihren jeweils mehreren hundert Gästen ein reichhaltiges Buffet sowie Live-Instrumentalmusik mit Gesang.

Leider herrscht um die Institution des Heurigen immer mehr Verwirrung. Denn ursprünglich hatte eine Buschenschank, wie man originale Heurigenlokale auch nennt, eher einfach, intim, still und preiswert zu sein und lediglich Eigenbauweine auszuschenken. Wir verdanken diese Einrichtung Kaiser Joseph II., der den Weinbauern erlaubte, an ein paar Tagen im Jahr ihre Produkte selbst auszuschenken, um sich ein kleines Zubrot zu verschaffen.

Was sich freilich heute, in Zeiten des florierenden Städtetourismus, geschäftstüchtig „Heuriger" nennt, ist häufig ein von Reisebussen umlagerter, völlig kommerzialisierter Massenbetrieb, in dem die ach so typische Stimmung aus umsatzfördernden Gründen künstlich erzeugt und zugekaufter Wein kredenzt wird. Um die jahrhundertealte Tradition zu schützen und Uneingeweihten die Trennung der gastronomischen Spreu vom Weizen zu erleichtern, wurde deshalb ein Gesetz erlassen. Es schreibt vor, daß echte Buschenschanken während ihrer auf einige Monate im Jahr be-

Die Kirche zur Heiligsten Dreifaltigkeit von Fritz Wotruba.

Grinzing ist eine der großen Touristenattraktionen Wiens.

Auf dem stimmungsvollen Grinzinger Friedhof.

schränkten Ausschankzeit beim Eingang einen grünen Föhrenbusch und ein Schild mit der Aufschrift „Ausg´steckt" anzubringen haben – oder sollte man sagen: anbringen dürfen? Ein weiteres Erkennungsmerkmal für Qualitätsbetriebe ist das Gütezeichen mit dem Text „Original Wiener Heuriger".

Ein Ausflug hinaus an die nordöstlichsten Ausläufer des Wienerwalds empfiehlt sich freilich nicht nur für Wein-, sondern auch für Musikliebhaber. Denn auf einem Spaziergang durch die Weingärten, etwa entlang dem Schreiberbach oder hinüber in das Kahlenbergerdorf, folgt man den Spuren von Franz Schubert und Ludwig van Beethoven, die sich hier gerne von der damals noch unberührten Natur inspirieren ließen. Auf dem Grinzinger Friedhof ruht Gustav Mahler, und in der nahen Heiligenstadt stehen zwei Häuser, in denen der rastlose Beethoven einige Lebensmonate verbrachte: das *Beethovenhaus* (Pfarrplatz 2) und das * *Heiligenstädter-Testament-Haus* (Probusgasse 6), in dem er seinen berühmten Letzten Willen verfaßte und der Welt seine Schwerhörigkeit gestand (☼ beide tgl. außer Mo 9–12.15 und 13–16.30 Uhr).

Der Weg auf den **Kahlenberg** führt von Grinzing über den gleichnamigen Steig, durch das Mukental und schließlich hügelan durch Weingärten und Wald. 1873, als Wien die Weltausstellung abhielt, erleichterte eine Zahnradbahn den Aufstieg. Sie führte vom Donauufer bis auf den 484 m hohen Gipfel, wurde jedoch wenig später demontiert. Als weitaus wichtiger für die Freizeit der Wiener entpuppte sich später die *Höhenstraße* – jene Aussichtsstraße, die vom Leopoldsberg etwa 15 km weit über Kahlenberg und Cobenzl zur Rohrerwiese und am „Häuserl am Roan" vorbei bis nach Neuwaldegg führt. Sie wurde bereits 1905 geplant, als der Wiener Gemeinderat die Schaffung eines Wald- und Wiesengürtels beschloß, um der Stadt ein Luftreser-

voir und Naherholungsgebiet zu garantieren. Tatsächlich gebaut wurde sie jedoch erst 1934. Seither lockt sie Wochenende für Wochenende Abertausende von Ausflüglern an. Dumm nur, daß sie alle mit dem eigenen Auto kommen, dessen Auspuffgase den Wienerwald ernsthaft gefährden.

Doch zurück auf den Kahlenberg. Dort, neben dem langgestreckten Restaurationsgebäude, von dessen Dachterrasse man an klaren Tagen einen phantastischen Fernblick bis zu den Kleinen Karpaten und zum Schneeberg genießt, steht die *Kirche St. Joseph* mit der Sobieski-Kapelle. Sie erinnert an die entscheidende Schlacht vom 12. September 1683, in der die abendländischen Heere unter der Führung Karl von Lothringens und des Polenkönigs Jan Sobieski die türkischen Besatzer in die Flucht schlugen. Am Morgen dieses Schicksalstages soll Marco d´Aviano in der Vorgängerkirche eine Messe gelesen haben, die die gläubigen Wiener später für den glücklichen Ausgang des Kampfes mitverantwortlich machten. In Wahrheit freilich hielt der Kapuzinerpater seinen Gottesdienst nicht hier, sondern in der Kirche auf dem benachbarten * **Leopoldsberg.** Denn dieser nordöstlichste Hügel der Alpen, 260 m über der Donau, hieß einst „Kahlenberg", bevor man ihn zu Ehren von Kaiser Leopold I. umtaufte. Der heutige Kahlenberg aber wurde bis Ende des 17. Jhs. der vielen Wildschweine wegen „Sauberg" genannt.

Auf der Leopoldsburg, die angeblich bereits Markgraf Leopold III. um 1100 als seine Residenz gebaut haben soll, dominierte jahrhundertelang Fremdenverkehr der eher gewalttätigen Art. Sie diente Herzog Albrecht I. 1287 als Zuflucht vor den aufständischen Wienern und im 15. Jh. den Wienern vor den Truppen Albrechts VI. Kurz darauf wurde sie von den Ungarn unter Matthias Corvinus erobert und schließlich von den Türken teilweise zerstört. Die alten Gemäuer beherbergen heute ein Restaurant.

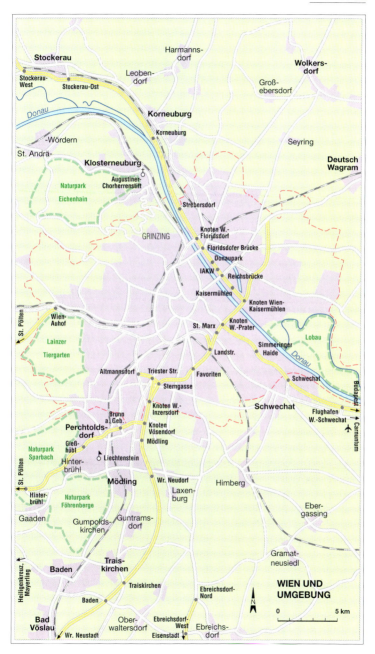

WIEN UND
UMGEBUNG

Klosterneuburg

Klosterneuburg, erreichbar mit der S-Bahn ab Franz-Josefs-Bahnhof, liegt gleich hinter der Stadtgrenze Wiens an der Donau und verfügt über einen schönen, vor rund 700 Jahren planmäßig angelegten Ortskern.

Doch wer hat dafür schon Augen, wenn ein solch monumentales ** *Augustiner-Chorherrenstift* alle Aufmerksamkeit auf sich zieht? Die Legende besagt, daß Agnes, die Gemahlin des Babenbergers Leopold III., ihren Brautschleier an den Wind verlor, als sie auf dem Söller der Burg auf dem heutigen Leopoldsberg stand. Wunderbarerweise fand man ihn später unten in den Donauauen wieder. Der fromme Markgraf deutete dies als Zeichen, daß er an dieser Stelle ein Kloster erbauen sollte. Wenig später übergab er es den Augustinern, die daraus vor allem durch ihre geographischen und astronomischen Forschungen das wissenschaftliche Zentrum des Landes machten. Nachdem das wehrhafte Stift beiden Türkenbelagerungen standgehalten hatte, beschloß Karl VI., es nach dem Vorbild des Escorial bei Madrid zu einem barocken Klosterpalast auszubauen. Ein höchst ehrgeiziger Plan: Es sollte zu einem Symbol der Habsburgermonarchie und des Heiligen Römischen Reiches Deutscher Nation werden, bestehend aus zahllosen Gebäuden mit insgesamt neun Kuppeln, gruppiert um vier Höfe. Doch der Bau, nach Plänen Joseph Emanuel Fischer von Erlachs durch die Mailänder Architekten Donato Felice d'Allio in Angriff genommen, wurde aus finanziellen Gründen und weil der Auftraggeber 1740 starb, nie vollendet. Erst 100 Jahre später brachte Josef Kornhäusel das Kloster in einer um Dreiviertel des Bauvolumens reduzierten Variante zum Abschluß.

Doch auch dieses Resultat vernünftiger Selbstbescheidung ist eindrucksvoll genug. Der Gebäudekomplex gliedert sich in zwei große architektonische Teile. Im romanisch-gotischen Bereich verdienen vor allem der Kreuzgang, die große Lichtsäule und die später barockisierte Stiftskirche mit ihrem prächtigen Chorgestühl, der Kanzel und der großen Orgel Beachtung. Der Barocktrakt umfaßt an sehenswerten Elementen die Kaiserstiege, die Kaiserzimmer und den Marmorsaal. Überragt wird er von zwei riesigen kupfernen Kuppeln, deren eine die Nachbildung der deutschen Kaiserkrone, die andere den österreichischen Erzherzogshut trägt. Natürlich können Sie auch noch die größte Stiftsbibliothek Österreichs mit über 160 000 Bänden, ein Museum mit etlichen wertvollen Goldschmiede-, Bronze- und Elfenbeinarbeiten sowie die klösterliche Schatzkammer besichtigen. Nicht vorbeigehen dürfen Sie aber an der größten Kostbarkeit des Stiftsinventars: dem *Verduner Altar* in der Leopoldskapelle. Dieser Höhepunkt mittelalterlicher Emaillierkunst wurde Ende des 12. Jhs. von dem lothringischen Kunstschmied Nikolaus von Verdun geschaffen und besteht aus 51 vergoldeten Täfelchen, die Szenen aus dem Alten und Neuen Testament zeigen. (☉ Mai–Oktober tgl. außer Mo 10–17 Uhr.)

Die Weinstraße

Südlich von Wien reihen sich auf einer nur 30 km langen Strecke idyllische Orte, in denen die Wiener schon während des Biedermeiers gerne ihre Sommerfrischen verbrachten. Daß sie außerdem in ein weltberühmtes Weinbaugebiet eingebettet sind und ihr Hinterland, der südliche Wienerwald, ein ideales Wandergebiet abgibt, erhöht nur das Vergnügen eines Aufenthalts oder zumindest einer Stippvisite. An Wanderwegen und Einkehrmöglichkeiten mangelt es hier wahrlich nicht. Das Weinbaugebiet am Rande des südlichen Wienerwald liefert zwar hervorragende, in aller Welt geschätzte Produk-

Die Ausläufer des Wienerwaldes tragen Weingärten, auf denen ein guter Tropfen wächst.

te, aber Gott sei Dank ist der Bekanntheitsgrad der Gemeinden höchst unterschiedlich.

* **Perchtoldsdorf** zum Beispiel, ein paar hundert Meter hinter Wiens Stadtgrenze, besitzt bodenständige Buschenschanken, die noch kaum von Reiseveranstaltern entdeckt wurden. Kunstinteressierte blicken nicht nur ins Heurigenglas, sondern auch in die dreischiffige Hallenkirche und die Herzogsburg, eine Anlage aus dem 14. Jh. mit Karner und einem der schönsten freistehenden Wehrtürme des deutschen Kulturraums.

Nicht minder liebenswert ist das nahe Städtchen *Mödling* mit seinen spätgotischen und barocken Bürgerhäusern. In seine Beschaulichkeit zogen sich im vorigen Jahrhundert viele Künstler aus der Großstadt zurück, unter anderen Beethoven, Schubert, Hugo Wolf und Franz Grillparzer. Spazierwege führen von hier auf die *Burg Liechtenstein* – einer der ganz wenigen großen romanischen Profanbauten Niederösterreichs – und in die *Hinterbrühl,* wo der größte Höhlensee Europas, die * *Seegrotte,* zu einer Bootsfahrt einlädt. Ebenfalls gut per pedes zu erreichen ist die * *Höldrichsmühle,* ein beliebter Ausflugsgasthof, der Franz Schubert zur Komposition des Liederzyklus „Die schöne Müllerin" inspirierte.

* **Gumpoldskirchen** – den Namen kennt man natürlich. In dieser Winzergemeinde eine im Gläschen Rotgipfler oder Rheinriesling in einem der urigen Heurigen-Lokale zu verkosten, grenzt geradezu an eine Sünde wider das eigene Wohlbefinden.

* **Baden** liegt an der sogenannten Thermenlinie, einem in Nord-Süd-Richtung verlaufenden geologischen Bruch, dem das Rheuma-Heilbad einen großen Teil seines stattlichen Einkommens verdankt. Die angenehme Wirkung seiner bis zu 36°C heißen Schwefelquellen haben schon die Römer genossen. In der Monarchie tummelten sich in den Bädern und im weitläufigen Kurpark

Kaiser, Könige und prominente Staatsmänner. Die Gästeliste liest sich aber auch wie ein „Who is who" der Kunst: Mozart, Beethoven und Schubert wohnten hier, Strauß Vater und Sohn, Carl Maria von Weber, Liszt, Ferdinand Raimund, Adalbert Stifter, die Maler Waldmüller, Schwindt, Rudolf von Alt und unzählige mehr. Was Wunder, daß sich in der blitzsauberen Fußgängerzone eine klassizistische Fassade an die andere reiht. Auch wenn es heute eher der Geldadel ist, der Baden aufsucht, um seine Wehwehchen bei viel kultureller Kurzweil auszukurieren, seine beschauliche altösterreichische Atmosphäre hat sich das Städtchen bis heute bewahrt. Ein Tip, um auch die Kinder beim Bummel bei Laune zu halten: Nach dem, was beim „Eis-Peter" in der

Der Tip für Weinfreunde

Nur wenige Kilometer südlich der B 9, die Wien und Bad Deutsch Altenburg verbindet, liegt die kleine Winzergemeinde **Höflein**, umgeben von weiten Weingärten. Hierher, abseits der großen Touristenschneisen, verirrt sich niemand, es sei denn, er weiß, was ihn erwartet: schöne alte Kellergassen, ein Panoramablick vom Leithagebirge bis zu den Kleinen Karpaten und den Hundsheimer Bergen und nicht zuletzt ein sanfter Ausklang des Tages bei einem Glas prächtigen Weins. Wer nicht nur genießen, sondern gut verkorkte Urlauberinnerungen mit nach Hause nehmen will, schaut beim **Weingut Robert Payr** vorbei. Blauer Portugieser, Blauburger und der unvergleichliche Rubin Carnuntum, dazu Grüner Veltliner, Riesling, Chardonnay – trocken ausgebaute Eigenbauweine lassen sich hier höchst angenehm verkosten, bei einem netten Plausch mit der überaus sympathischen Winzerfamilie (☺ Mo–Fr 10–18, Sa 8–14 Uhr).

Beethovengasse auf Tüten und in Becher gehäuft wird, kann man süchtig werden.

Eine halbe Fahrstunde westlich von Baden steht das älteste Zisterzienserkloster Österreichs, ** *Heiligenkreuz*. Ein Rundgang führt in die romanische Stiftskirche mit ihren Altarbildern von Johann Michael Rottmayr und Martin Altomonte, in das frühgotische Brunnenhaus, den Kreuzgang, den Kapitelsaal und in die Sakristei mit ihren wunderbaren Intarsienmöbeln. *Mayerling* ist ein Synonym für eine Tragödie des österreichischen Kaiserhauses. Das verschlafene Nest gelangte 1889 durch den Doppelselbstmord von Kronprinz Rudolf und seiner Geliebten Mary Vetsera zu trauriger Berühmtheit (☾ Gedenkstätte tgl. 9–12.30, 13.30–17 Uhr).

Der Wienerwald ist die grüne Lunge Wiens.

Carnuntum

40km östlich von Wien liegen *Bad Deutsch Altenburg* und *Petronell*, bis zur Öffnung des Eisernen Vorhangs verschlafene Nester, deren Boden aber auf eine lange Geschichte zurückblickt. Hier, am Südufer der Donau, befand sich einst die 50000 Einwohner zählende Legions- und Zivilstadt * *Carnuntum*, die den Limes bewachte. Nicht Vindobona (Wien), sondern Carnuntum war das pannonische Zentrum römischer Kultur, bis die Quaden 375 alles zerstörten. Seit Jahrzehnten wird hier immer Neues entdeckt. Im *Archäologiepark Carnuntum* gehören das Heidentor, das Amphitheater und etwas weiter östlich die Reste des römischen Militärlagers zu den wichtigsten Gebäuden im Freigelände.

Ein Schatzkästchen der Kunst: Stift Heiligenkreuz.

Die Statuen, Altäre, Grabsteine, Werkzeuge und Schmuckstücke, die bei den vor über 100 Jahren begonnenen Grabungen zu Tage gefördert wurden, kann man im *Museum Carnuntinum* in Bad Deutsch-Altenburg bewundern (☾ tgl. außer Mo 10–17, Fr bis 19 Uhr).

Im Schatten von Carnuntum wuchs Wien zur Stadt heran.

Praktische Hinweise von A–Z

Ärztliche Versorgung

Ärzte und Krankenhäuser in Österreich behandeln in der Regel auf Krankenschein; Sie sollten sich aber sicherheitshalber vor der Behandlung danach erkundigen. Wenn Sie bei einer gesetzlichen Krankenkasse versichert sind, müssen Sie sich vor der Reise eine Anspruchsbescheinigung besorgen, die dann bei Bedarf von den Österreichischen Gebietskrankenkassen in einen Krankenschein umgewandelt wird.

Ärztezentrale: ☎ 5 31 16-0
Ärzte-Notdienst: ☎ 141 (Mo–Fr 19–7 Uhr, Sa, So und Fei ganztägig)
Ambulanz, Notarzt („Rettung"):
☎ 144
Zahnärztlicher Nacht- und Wochenenddienst: ☎ 5 12 20 78
Vergiftungs-Informationszentrale:
☎ 43 43 43
Apotheken-Bereitschaftsdienst:
☎ 15 50.

Behinderte

Beim Wiener Tourismusverband (s. S. 93) ist ein eigener Stadtplan mit Informationen zum Besuch der Sehenswürdigkeiten Wiens und eine Broschüre „Behindertenfreundliche Hotels" erhältlich.

Allgemeine Informationen und Transportvermittlung bietet der Wiener Reiseclub Handicap an: 2., Glockengasse 23, ☎ 2 14 19 40-60 bis -66.

Devisenbestimmungen

Österreichische und ausländische Zahlungsmittel dürfen in unbeschränkter Höhe ein- und ausgeführt werden.

Sollten die Zahlungsmittel aber nicht dem Reiseverkehr dienen und die Ausfuhrsumme 100 000 öS übersteigen, muß eine Meldung an die Österreichische Nationalbank erfolgen.

Diplomatische Vertretungen

Deutsche Botschaft: 3., Metternichgasse 3, ☎ 7 11 54-0, 🖷 7 13 83 66.
Schweizer Botschaft: 3., Prinz-Eugen-Str. 7, ☎ 7 95 05, 🖷 7 95 05 21.

Einreise

Deutsche und Schweizer Staatsbürger benötigen für die Einreise lediglich einen gültigen Reisepaß oder Personalausweis, sofern der Aufenthalt nicht länger als drei Monate dauert.

Feiertage

Neujahr (1.1.), Heilige Drei Könige (6.1.), Ostermontag, Tag der Arbeit (1.5.), Christi Himmelfahrt, Pfingstmontag, Fronleichnam, Mariä Himmelfahrt (15.8.), Nationalfeiertag (26.10.), Allerheiligen (1.11.), Mariä Empfängnis (8.12.) sowie Weihnachten (25./26.12.).

Fundbüro

Nach verlorenen Gegenständen sollte man zuerst bei der nächstgelegenen Polizeistelle fragen. Erst nach einigen Tagen landen sie im Fundamt (9., Wasagasse 22, ☎ 3 13 44-92 11 oder -92 17).

Geld und Währung

Die Währungseinheit ist der Schilling (öS) = 100 Groschen (g). Den exakten Wechselkurs erfragt man bei der Bank. Er schwankt stets um den Wert 1 DM = 7 öS. Zur Zeit sind folgende Münzen im Umlauf: 10, 50 g, 1, 5, 10, 20 öS. Banknoten gibt es im Wert von 20, 50, 100, 500, 1000 und 5000 öS.

Geld kann man abgesehen von Banken und Sparkassen auch in vielen Reisebüros wechseln sowie täglich in den Wechselstuben im Westbahnhof (○ tgl. 7–22 Uhr), im Südbahnhof (tgl. 6.30 bis

22 Uhr), im Hauptpostamt (1., Fleischmarkt 19, tgl. 0–24 Uhr) und am Flughafen (tgl. 8.30–23.30 Uhr in der Ankunfts-, 8–18 Uhr in der Abflughalle). Geldwechselautomaten: Kärntner Straße 7, 32, 51, Stephansplatz 2, Operngasse 8, Landstraßer Hauptstr. 1, Franz-Josef-Kai 21, Michaelerplatz/ Looshaus, Schottenring 1, Operngasse 8 sowie Schwedenplatz.

Die gängigen Kreditkarten werden mittlerweile in fast allen größeren Geschäften und Betrieben akzeptiert. Bei Fragen oder Verlust: American Express: ☎ 51511-0 (Cash-Automat am Parkring beim Hotel Marriott), Diner's Club: ☎ 501 35/111, Eurocard: ☎ 71701/ 0, Visa: ☎ 53487-0.

Information

Schon vor der Reise kann man sich bei der Außenstelle der Österreich-Werbung telefonisch informieren lassen bzw. Prospekte und Broschüren bestellen. In Deutschland: **Österreich Werbung,** Postfach 1231, D-82019 Taufkirchen bei München, ☎ zum Ortstarif aus ganz Deutschland (089) 66670100, 🖷 66670200. In der Schweiz: Zweierstr. 146, Wiedikerhof, CH-8037 Zürich, ☎ (01) 4511551, 🖷 4511180.

Natürlich kann man sich auch schriftlich und telefonisch beim **Wiener Tourismusverband** beraten lassen: Obere Augartenstr. 40, A-1025 Wien, ☎ 21114-0, 🖷 2168492.

Wer bereits in Wien ist, erhält bei folgenden Adressen Informationen, Broschüren, Zimmervermittlung und jede nur denkbare Hilfe: **Tourist-Information,** 1., Kärntner Straße 38, ☎ 5138892 (🕓 tgl. 9–19 Uhr); an der Westautobahn, 14., Auhof, ☎ 971271/ 72 (🕓 April–Okt. tgl. 8–22, Nov. 9–19, Dez.–März 10–18 Uhr); an der Südeinfahrt, Südautobahn A2, Abfahrt „Zentrum", Triester Str. 149, ☎ 6160070/ 71 (🕓 April, Mai, Juni, Okt. tgl. 9–19, Juli–Sept. 8–22 Uhr); am Flughafen Schwechat,

Ankunftshalle, ☎ 71110/ 2875 (🕓 tgl. 8.30–23 Uhr).

Jugendliche erhalten spezifische Auskünfte (und auch verbilligte Tickets für Veranstaltungen) in der **Jugend-Info,** 1., Dr.-Karl-Renner-Ring/Bellaria Passage, ☎ 5264637 (🕓 Mo–Fr 12–19 Uhr, Sa und zur Zeit der Schulferien 10–19 Uhr). Informationen über ganz Österreich bekommt man im Büro der **Österreich-Information,** 5., Margaretenstr. 1, ☎ 5872000 (🕓 Mo–Fr 10–17, Do 10–18 Uhr). In allen angeführten Stellen erhält man u. a. kostenlose Stadtpläne, Hotel- und Restaurantverzeichnisse und Veranstaltungsprogramme.

Mehrwertsteuer-Rückerstattung

Bei allen Einkäufen über 1000 öS besteht die Möglichkeit der Mehrwertsteuer-Rückerstattung. Bitten Sie im Geschäft um das erforderliche Formular. Rechnung, Formular und evtl. auch Ware legen Sie bei der Ausreise dem österreichischen Zollbeamten zur Bestätigung vor. Danach schicken Sie die Belege an das Geschäft zurück oder an Austria Tax Free Shopping, Biberstr. 10, A-1010 Wien, und erhalten die Mehrwertsteuer (bis zu 32%) per Scheck oder Überweisung zurück. Noch einfacher: Sie lassen sich den Betrag gleich beim Grenzbüro des ÖAMTC zurückzahlen.

Notruf

Polizei ☎ 133
Feuerwehr ☎ 122
Ambulanz, Notarzt-Wagen („Rettung") ☎ 144
Pannendienst ☎ 120 (ÖAMTC), 123 (ARBÖ)

Öffnungszeiten

Geschäfte: Die Ladenschlußgesetze werden rigoros gehandhabt. Generell kann man Mo–Fr von 9–17, Sa von 9–12.30 Uhr einkaufen (am ersten Sa jeden Monats bis 17 Uhr). Die Läden in den Bahnhöfen (Lebensmittel, Blumen,

Tabakwaren, Bücher etc.) haben tgl. von 7–22.30 Uhr geöffnet.

Banken: Mo, Di, Mi, Fr 8–15, Do 8–17.30 Uhr; die Filialen haben zwischen 12.30 und 13.30 geschlossen.

Museen: allgemein gilt: Mo geschlossen; alle weiteren Regelungen sind von Haus zu Haus verschieden (individuelle Öffnungszeiten siehe jeweils bei den Museumsbeschreibungen).

Postämter: Mo–Fr 8–12, 14–18 Uhr; in den Hauptpostämtern Fleischmarkt 19, Süd- und Westbahnhof: tgl. 0–24 Uhr.

Postgebühren

Standardbrief im Inland 6 öS, ins Ausland 7 öS. Postkarten: 5,50/6 öS. Briefmarken sind in allen Postämtern und Tabaktrafiken erhältlich.

Stadtrundfahrten und -rundgänge

Mehrere Veranstalter bieten Stadtrundfahrten *per Bus* an, z.B. Cityrama (☏ 53 41 30) und Vienna Sightseeing Tours (☏ 71 51 14 30 oder 71 24 68 30). Die Donaudampfschiffahrtsgesellschaft (DDSG) zeigt Wien *vom Wasser aus* (Abfahrt bei der Schwedenbrücke, im April und Okt. tgl. 13 Uhr, in den Sommermonaten tgl. 10.30, 13. 14.30 und 16.30 Uhr). Bei der Tourist-Information und in vielen Hotels liegen Prospekte aus. In der warmen Jahreszeit geradezu ein Muß: *Rundfahrten im Fiaker.* Die Standplätze befinden sich auf dem Stephans-, Helden- und Albertinaplatz. Kosten für 20 Minuten: 500 öS pro Kutsche, für 40 Minuten 800 öS. *Radführungen* veranstaltet Vienna-Bike (☏ 31 12 58; Treffpunkt am rechten Donaukanalufer, 1., Salztorbrücke 1).

Unter dem Obertitel *Wiener Spaziergänge* bieten konzessionierte Fremdenführer verschiedene Besichtigungstouren *per pedes* zu architektonischen, kunsthistorischen und musikalischen Themen an. Führungsdauer: ca. 1,5 Std., Preis: 110 öS (exklusive Eintritte). ☏ 5 14 50-243. Prospekt bei der Tourist-Information (s. S. 93).

Telefon

Telefonieren kann man von Postämtern und von Münzsprechautomaten. Sehr zahlreich sind Telefonzellen, in denen man mit Telefonkarte (bei allen Postämtern) telefonieren kann.

Vorwahl für Deutschland 00 49, die Schweiz 00 43, danach Ortsvorwahl ohne die „0" und Teilnehmernummer. Vorwahl nach Österreich 00 43, danach die „0" der Ortsvorwahl weglassen. Vorwahl für Wien aus dem Ausland: 00 43-1. Telefonieren in Hotels kommt teuer: Sie berechnen üblicherweise ein Mehrfaches der regulären Gebühr. Fernsprechauskunft: für Österreich 16 11, für Deutschland 16 12, für europäische Länder 16 13, für außereuropäische Länder 16 14.

Trinkgeld

In Restaurants ist es üblich, die Rechnungssumme auf bis zu 10% aufzurunden. Für Sonderleistungen im Hotel gibt man 50–100 öS. In manchen Dienstleistungsberufen erhält der Angestellte nur den gesetzlichen Mindestlohn. Auch für Zeitungsverkäufer, Toilettenfrauen, Kofferträger, Tankwarte und Taxifahrer ist das Trinkgeld ein Teil ihres Einkommens.

Zoll

Für *Deutsche* gibt es seit dem Eintritt Österreichs in die EU im Reiseverkehr im Prinzip keine Mengenbegrenzung mehr.

Für Schweizer gilt bei der Einreise nach Österreich: Zollfrei sind pro Person über 17 Jahre 200 Zigaretten (oder 50 Zigarren oder 250 g Tabak), 2 l alkoholische Getränke unter 22 Vol.-%, 1 l Spirituosen über 22 Vol.-%, Geschenke bis zum Gesamtwert von 2500 öS.

Bei der Wiedereinreise in die Schweiz: Zollfrei sind Gegenstände des persönlichen Bedarfs und Tabakwaren wie oben; 2 l alkoholische Getränke unter 15°, außerdem Geschenke bis zum Gesamtwert von 200 sfr.

Register

Sachregister

Personenregister